Ce livre appartient à :

Merci de le lui rapporter !

Mode d'emploi

Avez-vous aimé cet emballage à détacher? Comme un cadeau enrubanné?

L'éditeur ayant lui-même pratiqué le 180, il vous adresse quelques autres clins d'œil en cours de lecture:

- larges marges pour y griffonner vos réflexions et vos coups de cœur;

- foliotage inversé pour savoir combien de pages il vous reste à lire;

- quelques notes posées ici et là dans le but avoué de vous ralentir un peu… et pour vous rappeler de prendre vos propres notes;

- un sous-verre ou sous-tasse à laisser sur votre bureau ou sur votre comptoir de cuisine afin de penser à tout instant à faire un 180.

Bons 180!

Catalogage avant publication de Bibliothèque et Archives nationales du Québec et Bibliothèque et Archives Canada

Heppell, Michael

180

Traduction de : Flip it.

1. Succès - Aspect psychologique.   2. Optimisme.   3. Estime de soi.   4. Confiance en soi.
5. Autodéveloppement.   I. Corbeil, Pierre, 1951-   .   II. Titre.   III. Titre : Cent quatre-vingt.

BF637.S8H46214 2010   158.1   C2010-941189-7

Dépôts légaux
Bibliothèque nationale du Québec
Bibliothèque nationale du Canada

Canada
Prologue
1650, boulevard Lionel-Bertrand
Boisbriand (Québec) J7H 1N7
Canada
1-800-363-2864
www.prologue.ca

États-Unis
Enfield Publishing & Distribution Co.
PO Box 699
Enfield NH 03748
USA
603-632-7377
www.enfieldbooks.com

Sauf à des fins de citation, toute reproduction, par quelque procédé que ce soit, est interdite sans l'autorisation écrite de l'éditeur.

Traduction et adaptation : Pierre Corbeil
Conception graphique et mise en pages : Manon Léveillé
Illustration 180 : Carl Huard
Impression : Friesens, Canada

© Copyright original Hadrian Holdings 2009. La traduction a été autorisée par Pearson Education Limited.

© Isabelle Quentin éditeur inc. (Sgräff et IQ Press) 2010
http://sgraff.com
ISBN : 978-2-923503-17-2

1 2 3 4 5 12 11 10

Michael Heppell

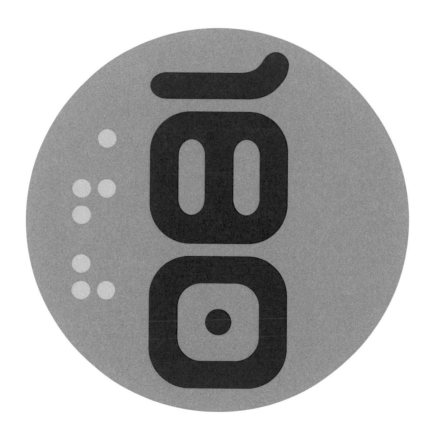

Traduction et adaptation de Pierre Corbeil

Sgräff

Sgräff

À l'origine de Sgräff, il y a le sgraffite, de l'italien *sgraffito*, littéralement «griffé».

Spécifique aux arts décoratifs, le sgraffite a aussi bien été utilisé pour ornementer un mur que pour détailler un cadran solaire ou enjoliver une poterie. De Byzance à Corinthe, les artisans musulmans et chrétiens se sont influencés les uns les autres dès le XIe siècle et ont répandu leurs techniques au-delà du bassin méditerranéen. Particulièrement présent à la Renaissance (XIIe et XIIIe siècles) et à la période Art nouveau (fin XIXe et début XXe siècles), artistes et créateurs le pratiquent toujours.

Le sgraffite tient à la superposition de couches d'enduits (argile, engobe, glaçure, ou encore plâtre pigmenté, mortier, chaux) dont au moins deux seront colorés. Selon son dessein, l'artisan les incisera à l'aide de grattoirs et de ciseaux, de sorte à faire apparaître différentes couleurs.

C'est dans ce même esprit que Sgräff s'engage, depuis sa création et dans tous ses produits, à révéler votre couleur.

Table des matières

Préface

Depuis quelques années – c'est tout à fait dans l'air du temps –, les entreprises engagent de plus en plus des conférenciers pour motiver leurs employés, leur donner un *pep talk*. J'ai eu la chance, en tant que conférencière invitée, d'assister à plusieurs de ces rencontres. Inutile de vous dire que, la plupart du temps, on sort de là gonflé à bloc. Mais, à chaque fois, je trouvais dommage qu'on ne puisse offrir ces conférences au grand public.

Or, voilà que l'un des plus grands conférenciers au monde, Michael Heppell, transforme le rêve en réalité et s'adresse directement à vous par le truchement de *180*, son cinquième best-seller. Je sais pertinemment qu'il a écrit de nombreux bouquins sur le développement personnel pour en avoir lu plusieurs. Et croyez-moi, il y a dans celui-ci une simplicité, une franchise, une façon d'expliquer et d'imager son propos qui le rend extrêmement efficace et «possible». Oui, possible! En effet, grâce aux exercices, aux conseils, aux observations et aux méthodes que l'auteur vous propose, vous ne pouvez, à mon humble avis, qu'améliorer votre qualité de vie, car tous les sujets y passent – le travail, la santé, la famille, la créativité, l'argent, l'amour, les amis, le succès…

Michael Heppell vous propose l'approche 180. Personnellement, je préfère dire qu'il vous fera faire un virage à 180 degrés. Il se peut que vous ayez parfois l'impression de déjà connaître certains de ses trucs géniaux; mais demandez-vous alors honnêtement si vous les mettez en pratique?

Bonne lecture…

CHANTAL LACROIX

Introduction

J'ai passé les 15 dernières années de ma vie à étudier ce que chacun de nous peut faire pour tirer le meilleur parti de toutes les situations et profiter au mieux de ce que la vie a à offrir. L'essence de tout ce que j'ai appris se trouve désormais dans ce livre d'une puissance inimaginable, et pourtant facile à lire comme pas deux. Sans compter que toutes les notions, techniques et recettes qui y sont présentées peuvent être appliquées par vous et moi, quel que soit notre bagage ou notre condition, en tout temps et en tous lieux.

L'approche 180 repose sur une façon radicalement différente de penser et d'agir qui vous garantit un degré plus élevé de bonheur, d'assurance, de créativité et de succès. Autrement dit, cette méthode inestimable vous promet tout ce qu'il y a de mieux. J'ose même affirmer que vous deviendrez une meilleure personne simplement en lisant ce livre, et que vous deviendrez une personne tout à fait extraordinaire en mettant en pratique les leçons que vous tirerez de *180*.

Téléportez-vous !

J'ai choisi de vous présenter l'approche 180 par tranches, chacune d'elles portant sur une facette de l'existence : le travail, la santé, la famille, la créativité, la réussite, etc. Mais n'allez pas croire pour autant que certains chapitres vont mieux vous servir que d'autres.

Voici votre toute première leçon de 180: «Téléportez-vous!» Vous pourriez être tenté, en voyant le titre d'un chapitre, de vous faire une idée de son contenu et de son intérêt pour vous, sans chercher plus loin. Mais permettez-moi de me demander combien d'occasions fabuleuses vous sont déjà passées sous le nez en vous limitant de la sorte…

L'heure est venue de changer.

En lisant chacun des chapitres, vous pourriez parfois vous prendre à penser «Je ne fais pas ça, moi.» ou «Ce n'est pas vraiment comme ça que ça se passe dans ma vie.» Si cela vous arrive, faites un 180, téléportez-vous et demandez-vous plutôt: «Comment pourrais-je adapter cette technique et l'appliquer dans ma vie dès maintenant?» Cette simple volte-face vous fera voir les choses autrement et vous permettra à coup sûr de dénicher un trésor à chaque page.

Enfin, sentez-vous libre de plonger dans ce livre au gré de votre fantaisie, et de le lire dans l'ordre qui vous plaît. N'hésitez pas non plus à prendre des notes dans la marge, si ça vous chante. Vous apprendrez très vite à extraire la crème de chaque section. Il ne vous restera plus qu'à passer de la connaissance à l'acte. Car, comprendre l'art du 180 dans sa tête, c'est bien; mais appliquer cet art dans la vie de tous les jours, c'est infiniment mieux.

Le secret n'est pas dans le savoir, mais dans le faire.

Le secret n'est pas dans le savoir, mais dans le faire. N'attendez donc pas pour agir. Dès que vous prenez possession d'un nouvel outil de la trousse 180, mettez-le à l'essai sans tarder. Vous serez renversé par les résultats, et réussirez très bientôt à récolter tout ce qu'il y a de mieux.

Vous ne regretterez que les choses que vous n'avez pas faites. Passez donc à l'action.

1. L'art du 180

180

Allons-y! Le fait est que l'approche 180 est toujours à portée de main. Vous l'utilisez parfois sans même y penser. D'autres fois, pas du tout, alors que vous auriez tout intérêt à le faire.

Prenons l'image d'un soleil partiellement caché par un nuage. Vous le voyez?

Que vous suggère cette image?

Certains ne voient que le nuage et se disent aussitôt qu'il va pleuvoir. D'autres s'imaginent un temps nuageux avec des percées de soleil. D'autres encore misent sur la présence dominante du soleil, momentanément voilé par un beau nuage blanc et cotonneux. Puis il y a ceux – positifs au superlatif – qui font complètement abstraction du nuage et qui ne voient que le soleil.

De quel type êtes-vous?

Quelle que soit votre réponse, je vous mets au défi de reconsidérer ce que vous pensez et ce que vous croyez, et ce, dans un seul et unique but: vous aider à tirer le meilleur de toute chose. Rien de moins.

Commençons par une simple pirouette. Au fur et à mesure que vous prendrez de l'expérience, nous aborderons des outils et des techniques plus sophistiqués.

La force des questions

Un des outils les plus puissants de la trousse 180 réside dans le pouvoir de poser des questions intelligentes. Les bonnes questions peuvent en effet renverser n'importe quelle situation négative. La grande question est de savoir quelles questions poser.

Pourquoi versus Comment

Prenez votre plus belle voix d'annonceur, et lisez ce qui suit:

> «Mesdames et messieurs, bienvenue à ce combat historique. Dans le coin rouge, pesant plus de 100 kilos, l'incontestable poids lourd des mots le plus fréquemment employés en début de question, toutes catégories confondues. Et j'ai nommé le prince de la pitié, le père de l'infortune, le maître de la tristesse, le champion inégalé du négativisme… Pourquoi. »

> «Et dans le coin bleu, pesant à peine 60 kilos, le vaillant aspirant au titre, vif comme l'éclair, excentrique à souhait et un tant soit peu enjôleur. Et j'ai nommé le héros de l'espoir, le sage à la langue bien pendue, le magicien des solutions insoupçonnées… Comment. »

Comment résister à l'attrait d'un tel affrontement?

L'issue en est pourtant claire. Le mot «pourquoi» trahit le plus souvent une appréhension, un sentiment négatif. Pourquoi moi? Pourquoi maintenant? Pourquoi devrais-je faire ceci ou cela? À l'opposé, le mot «comment» appelle généralement une solution. Comment pourrais-je bien m'y prendre? Comment ça fonctionne? Comment dois-je agir?

Un exemple classique de revirement

Vous êtes débordé et vous n'avez plus que quelques minutes pour vous rendre à une importante réunion. Seulement, voilà – comble de malheur –, vous êtes perdu ! Aveuglé par la panique, les « pourquoi » se bousculent dans votre tête. Pourquoi est-ce que je me perds tout le temps ? Pourquoi faut-il que ce soit toujours à moi que ça arrive ? Et pourquoi aujourd'hui, alors que ce n'est vraiment pas le moment ? Plus vous multipliez les « pourquoi », plus votre brillant cerveau, habile à produire des réponses sans fin, imaginera toutes sortes de « parce que ».

Remplaçons maintenant les « pourquoi » par des « comment », et voyons ce qu'un petit 180 peut faire. Comment ai-je fait pour aboutir ici ? Comment me rendre où je dois aller par le chemin le plus court ? Comment m'y prendre pour expliquer ma situation aux gens qui m'attendent ? Comment faire pour rester calme ?

Notez bien qu'il ne s'agit pas là d'une réaction positive à l'eau de rose sous l'effet de la pensée magique, du genre : « Wow ! Je suis vraiment perdu. Peut-être l'énergie cosmique essaie-t-elle de me faire comprendre que je n'ai pas besoin d'aller à cette réunion. » Bien au contraire. Il s'agit d'un puissant mode de pensée lorsque vous devez prendre des décisions rapides et rationnelles en vue d'une action concrète et immédiate.

Un autre exemple ?

Combien de gens s'évertuent à se demander pourquoi ils se font tant de mauvais sang ? Un classique ! En vérité, à trop se demander pourquoi, on finit le plus souvent par accroître son anxiété. Pourquoi suis-je incapable d'y arriver ? Pourquoi les gens agissent-ils comme ça ? Pourquoi est-ce toujours ma faute ?

Essayons de changer notre fusil d'épaule.

Comment puis-je y arriver ? Comment faire pour amener les gens à agir autrement ? Comment éviter que ça se reproduise ?

Incroyable, non ? Il suffit de remplacer les «pourquoi» par des «comment» pour commencer à se sentir mieux. Bienvenue dans le monde du 180 !

«Comment» fonctionne encore mieux lorsque vous y mettez un peu d'expression faciale. Songez à lever les yeux et à hausser les sourcils ; et, si possible, souriez. Vos «comment» n'en seront que plus intenses, et votre cerveau s'appliquera plus vite à trouver une solution.

C'est tout de même un phénomène, ce cerveau ! Il renferme 100 milliards de neurones et peut traiter des billions de pensées. Et pourtant, il se morfond le plus souvent en attendant d'avoir quelque chose à faire. Profitez-en donc pour l'occuper à votre avantage.

En vous posant des questions au lieu de tenir les faits pour acquis, vous enverrez de stimulantes décharges électriques dans votre boîte crânienne. Suivent quelques exemples d'idées reçues et de la façon dont vous pouvez les changer en questions pour obtenir de meilleurs résultats.

Je n'ai pas le temps.	180	Comment faire pour trouver du temps ?
Ce n'est pas intéressant.	180	Que puis-je faire pour y mettre du piquant ?
Je ne sais pas.	180	Où est-ce que je peux trouver la réponse ?

En utilisant votre puissant cerveau de la sorte, non seulement vous obtiendrez de meilleurs résultats dans l'immédiat, mais vous stimulerez des zones poussiéreuses et endormies. Et en débarrassant ces zones de leurs fils d'araignée, vous pourrez à l'avenir les utiliser de nouveau sans effort.

Le pouvoir des mots

On me qualifie souvent de «positiviste». Je n'ai rien contre la pensée positive, mais il faut reconnaître qu'elle ne donne souvent aucun résultat. Je préfère quant à moi l'approche 180, fondée sur l'*action* positive.

Laissez-moi soumettre une question à votre cerveau maintenant piqué par la curiosité : «Quelle est votre action la plus courante ? »

Je suis prêt à parier qu'il s'agit de votre choix de mots. Aussi bien en parlant aux autres qu'en vous parlant à vous-même, vous êtes constamment en train de choisir des mots à employer pour communiquer.

On m'a un jour demandé de présenter Lord Melvyn Bragg devant un vaste auditoire, et pendant mon exposé, j'ai avancé qu'il y avait 600000 mots dans la langue anglaise. Le célèbre commentateur et romancier m'a par la suite félicité de ma prestation, mais tout en me faisant remarquer que je devais revoir mes chiffres. Car, selon lui, la langue anglaise compte plutôt 1,25 million de mots !

L'individu moyen a un vocabulaire d'environ 6000 mots, ce qui, dans n'importe quelle langue, lui laisse un choix fabuleux de nouveaux mots et de nouveaux sens. Il faudrait des siècles pour en ajouter ne serait-ce que 2 ou 3 de plus par jour.

Et si je faisais faire un 180 à mon langage ?

Que diriez-vous donc d'un 180, côté langage ?

Du négatif au positif

Voici un domaine où j'adore faire du 180. C'est simple comme bonjour : il suffit de remplacer des formules négatives par des équivalents positifs. Ça fait appel à la créativité, à l'intelligence et au jugement, sans compter que ça peut faire grimper vos points au Scrabble !

Laissez-moi vous mettre sur la piste.

Je suis fatigué.	180	Je pourrais être plus en forme.
Il fait froid.	180	J'aimerais qu'il fasse plus chaud.
Ce qu'il est lent !	180	Il pourrait être plus rapide.
Je suis trop gros.	180	Je pourrais être plus mince.

Avec des mots et des sens par dizaines et par centaines de milliers à votre disposition, comment vous y prendriez-vous pour faire faire un 180 à votre langage en utilisant de nouveaux mots ou de meilleurs mots ?

Faisons le point

Après avoir lu quelques pages, je vous devine dans l'un ou l'autre de quatre camps. Prenons donc un moment pour vérifier où vous en êtes et pour voir si vous avez besoin d'un 180 pour tirer pleinement parti de ce livre.

- ◙ **Groupe 1. Je sais déjà tout ça** — Rien de neuf, jusqu'ici ? Très bien ! Chaque fois que quelqu'un me dit qu'il sait déjà tout ça, je lui demande systématiquement : « Mais le faites-vous ? » Le secret n'est pas dans le savoir, mais dans le faire.

Cela dit, n'ayez crainte, fiers membres du groupe 1 ; de nombreuses trouvailles et idées nouvelles vont bientôt transformer votre façon de penser à tout jamais.

- Groupe 2. Est-ce vraiment aussi simple que ça ? — En théorie, oui ; il n'y a rien de plus simple. Vous devez cependant tester la méthode pour savoir ce qui fonctionne le mieux pour vous. Et si certaines astuces ne semblent pas fonctionner pour vous, c'est en fait une bonne nouvelle, comme vous le verrez plus loin.

- Groupe 3. Encore ! Encore ! — Vos oreilles et vos yeux sont déjà grand ouverts ? Excellent ! Je vous conseille de vous pousser un peu plus dans le dos d'un chapitre à l'autre.

- Groupe 4. Euh… — Vous n'entrez dans aucune de ces catégories ? Parfait ! Ça veut dire que vous êtes un adepte naturel du 180. Mais ne lâchez surtout pas ! Je vous réserve une surprise sous peu.

Et si vous faisiez une croix sur les excuses ?

Alors que vous étiez tout petit et que votre cerveau apprenait à fonctionner, vous avez vite compris qu'en donnant une excuse pour ne pas avoir à faire quelque chose, il y avait de bonnes chances pour que ça marche. Le problème, c'est que vous n'avez plus cinq ans et que vous continuez tout de même à invoquer mille et une excuses pour justifier que vous n'avez pas fait ce qu'on attendait de vous, que vous ne pouvez pas tenir une promesse, que vous n'allez finalement pas aller jusqu'au bout d'une entreprise, et Dieu sait quoi encore.

Les excuses vous ralentissent, étouffent votre créativité et minent la confiance des autres à votre égard.

Pourquoi donc a-t-on recours aux excuses, si elles sont si destructrices ? Pour trouver la réponse à cette question, il vous faut revenir quelques pas en arrière.

Serrons bien les dents et regardons la vérité en face : une excuse n'est souvent qu'un pur mensonge. « Je n'ai pas pu le faire aujourd'hui. J'avais trop de travail. » Ce qui veut plus ou moins dire : « J'ai passé la moitié de la journée à me tourner les pouces au lieu de faire ce que j'avais à faire. Je dois vite trouver une excuse, et il faut qu'elle soit bonne. Je pourrais simplement dire que je n'ai pas eu le temps. Non, mieux que ça encore. Je vais laisser entendre que j'en avais vraiment plein les bras, ce qui pourrait même me valoir un peu de sympathie en prime. »

Vous n'avez pas eu conscience de ce discours intérieur ? C'est que le mécanisme est si solidement ancré dans votre inconscient que vous pouvez échafauder de telles âneries en une fraction de seconde. Chapeau !

Mais si ce mécanisme est aussi solidement ancré, comment faire pour le démonter ? Aux grands maux les grands moyens. SOS 180 ! Ce sera là votre premier grand défi. La prochaine fois que vous serez sur le point d'inventer une excuse, faites volte-face et dites la vérité, toute la vérité, rien que la vérité.

Ça pourrait par exemple se passer comme ça…

Un homme revient de faire des courses. Sa femme lui avait demandé de prendre un article en particulier, mais ça lui est complètement sorti de la tête. Confronté à cet oubli, il dirait probablement quelque chose comme « J'ai regardé partout, mais il n'y en avait pas. Ils doivent être en rupture de stock. »

Pourquoi ne pas plutôt faire un 180 et dire franchement : « Zut ! J'ai complètement oublié. Je n'ai aucune excuse. J'y retourne immédiatement. »

Voici un autre bon exemple : «Quoi ? Vous n'avez pas reçu mon courriel ? Il est vrai que notre serveur nous a joué des tours ces derniers temps. Ce courriel flotte sans doute quelque part dans le cyberespace. »

Et si vous disiez plutôt : «Je suis terriblement désolé, mais le courriel n'est pas encore parti. Auriez-vous la gentillesse de m'accorder une autre heure de délai ? »

Avez-vous mieux à suggérer ? Je ne sais pas ce qu'il en est pour vous, mais en ce qui me concerne, je préfère l'honnêteté aux piètres excuses.

Quelques recommandations :

- N'allez pas perdre votre emploi, votre conjoint ou votre meilleur ami au nom de la franchise. Faites tout de même preuve d'une certaine prudence.

- Mettez-vous à l'épreuve, et faites un peu plus d'efforts que vous n'en feriez normalement.

Pourquoi s'en faire avec ça ?

Il y a quelque chose de libérateur à laisser tomber les excuses. Tout d'abord, le besoin de justifier vos actes – ou votre inaction – se trouve grandement réduit. De plus, les gens vous découvrent sous un autre jour, et vous aurez tôt fait de constater qu'ils agissent différemment avec vous, de façon plus positive.

Et la cerise sur le gâteau : en éliminant les excuses, vous commencez à éliminer les raisons pour lesquelles vous avez tendance à chercher des excuses.

Pensez-y, deux minutes…

J'ai déjà eu une patronne plutôt bizarre à laquelle je fournissais souvent des excuses. Je ne voulais pas me la mettre à dos, et je n'osais pas lui dire les choses en

En éliminant les excuses, j'élimine les raisons qui me poussent à chercher des excuses.

face. Mais ça me mettait parfois dans un foutu pétrin, et un jour où je me débattais comme un démon dans l'eau bénite pour essayer de m'en sortir, elle m'a regardé droit dans les yeux et m'a dit : « La vérité libère. »

J'ai retourné ces mots dans ma tête pendant un moment, puis j'ai pris une grande respiration et je lui ai dit la vérité toute nue. Personne n'avait jamais osé lui parler des problèmes qu'elle causait et de l'effet que cela avait sur les gens. Elle n'a pas très bien réagi au début, mais une fois la poussière retombée, elle m'a remercié de ma franchise. (J'ai inclus toutes sortes d'idées pour vous aider dans ce genre de situation au chapitre 8 – Le 180 au travail et en affaires.)

 La vérité libère.

Fini, les excuses, d'accord ?

J'aimerais maintenant partager avec vous une des utilisations les plus sublimes de l'approche 180 qu'il m'a été donné de découvrir.

Comment se rendre intéressant, façon 180

Levez la main si vous êtes de ceux et celles qui aiment qu'on les trouve intéressants… Bienvenue au club de monsieur et madame Tout-le-monde ! La question est de savoir comment s'y prendre.

Les règles d'usage dictent que, pour avoir l'air intéressant, il faut être cultivé, brillant, éloquent, charmant et vif d'esprit. Mais avant de souscrire à cette idée reçue, lisez ce qui suit.

Un jeune psychologue talentueux décide un jour de tenter une expérience en rompant avec sa routine de travail et en faisant chaque jour l'aller-retour entre New York et Los Angeles, et ce, pendant un mois. (Sans doute n'avait-il jamais entendu parler de la thrombophlébite !)

Il choisit toujours la place du centre d'une rangée de trois et, dès après le décollage, engage la conversation avec un de ses voisins. Mais plutôt que de chercher à se rendre intéressant, il fait un 180 et se montre franchement intéressé aux propos de son interlocuteur. Il se contente de poser des questions appropriées et de laisser parler l'autre.

Arrivé à destination, il obtient les coordonnées de son vis-à-vis sous prétexte de pouvoir lui être utile ou de rester en contact, et une semaine plus tard, un assistant téléphone aux personnes avec lesquelles le psychologue s'est entretenu en vol. Tous se souviennent de lui, et se disent enchantés d'avoir fait sa connaissance, bien que personne ne se rappelle d'où il vient, s'il est marié ou non et ce qu'il fait dans la vie (pour la simple et bonne raison qu'il ne l'a jamais dit). La conclusion la plus frappante de cette étude ? Plus de 70 % des personnes interrogées ont décrit notre homme comme le personnage le plus intéressant qu'elles aient JAMAIS rencontré !

Si vous voulez que les gens vous trouvent intéressant, montrez-vous intéressé à eux plutôt que de chercher à les impressionner.

Une question d'équilibre

Ça ne veut absolument pas dire que vous n'aurez jamais la chance de raconter comment vous avez volé à la rescousse de cette voisine en robe de nuit, prisonnière de son balcon du deuxième étage par moins dix degrés pour avoir distraitement refermé la porte – verrouillée – derrière elle afin de ne pas refroidir la maison! Cela veut seulement dire qu'en faisant un 180 et en passant maître dans l'art de poser des questions, vous pouvez vous rendre tout aussi intéressant, sinon plus.

Tout est dans la question

Le 180 en action

Voici 10 questions et énoncés du genre «ça m'intéresse vraiment» à vous rappeler la prochaine fois que vous rencontrerez quelqu'un.

1. Comment avez-vous fait?

2. Qu'est-ce qui vous a motivé à faire ce choix?

3. Où avez-vous appris cette technique?

4. Comment une personne comme moi pourrait-elle s'impliquer?

5. Pouvez-vous me donner un exemple?

6. J'aimerais en savoir plus.

7. Si c'était à refaire, que feriez-vous de différent?

8. Qu'avez-vous l'intention de faire, maintenant?

9. Vraiment? Wow!

10. Contentez-vous de sourire et de faire oui de la tête, sans dire un mot. Vous serez étonné de voir à quel point ces simples gestes incitent les gens à continuer de parler d'eux-mêmes.

Changement de paradigme

Jusqu'ici, nous avons surtout mis l'accent sur le 180 dans la pensée et dans l'action. Que diriez-vous de monter d'une coche et d'aborder – pas de panique ! – la notion de paradigme ? Un paradigme peut simplement être décrit comme un ensemble d'hypothèses de base. Nous avons tous, d'ailleurs, eu l'occasion de changer de paradigme, ou de schème de référence, à un moment ou à un autre. Le défi que je vous lance consiste à provoquer consciemment des changements de paradigmes en faisant appel à l'approche 180.

Voici un exemple de changement de paradigme profond que j'ai vécu, et ce que j'en ai retiré.

C'était en 1995. Je me trouvais à Washington, où je devais participer à un congrès. Je ne connaissais personne dans cette ville, et mes plans de voyage faisaient en sorte que j'étais arrivé une journée avant le début du congrès.

En me baladant dans les rues voisines de mon hôtel, je me retrouve devant un cinéma. Dans un élan de spontanéité, je demande un billet pour le prochain film à l'horaire. Le préposé au guichet me répond qu'en faisant vite, j'arriverai à temps pour le début d'un film intitulé *Clockers*.

Direction la salle 2, où je m'assois dans le noir et regarde le film jusqu'au bout. À la fin du générique, les lumières s'allument et je constate à mon grand étonnement que je suis le seul Blanc dans la salle. Je ne me sens ni apeuré, ni nerveux, ni même intimidé, mais pour la première fois de ma vie, je prends pleinement conscience de ce qu'on peut ressentir lorsqu'on représente une minorité.

Ce changement de perspective m'a par la suite amené à me pencher sur ce que les gens peuvent éprouver du fait de leur couleur, de leur taille, de leur âge ou de leur rang social. J'ai notamment pensé à ma femme qui, dans son enfance, était la seule Noire de l'école sur 700 élèves. Imaginez l'impact que cela a pu avoir sur sa vie! Bref, cette soirée improvisée au cinéma m'a appris une importante leçon que je n'ai jamais oubliée.

Et si, plutôt que d'attendre ce changement de paradigme, j'avais moi-même pris l'initiative de le provoquer? C'est précisément ce que je vous propose d'essayer.

- Passez une journée en fauteuil roulant pour voir la réaction des gens autour de vous.
- Interrogez-vous sur la façon d'améliorer une situation plutôt que de vous en plaindre.
- Mettez-vous dans la peau de votre client.
- Faites un jeûne de 24 heures.
- Faites du bénévolat auprès des sans-abri et cherchez à savoir comment ils en sont arrivés là.
- Interdisez-vous d'aller à l'épicerie pendant une semaine, et efforcez-vous d'utiliser au mieux ce qu'il reste dans vos armoires et votre réfrigérateur.
- Avant de porter un jugement sur le comportement d'une personne, assurez-vous de connaître tous les faits.

Étant donné que nous avons tendance à tenir pour acquis notre entourage, nos amis, nos proches et nos façons de faire, la provocation d'un changement de paradigme se révèle souvent une bonne façon de voir les choses autrement et, dans certains cas, de sérieusement remettre les pendules à l'heure.

La faculté d'envisager une situation sous divers angles peut vous aider à mieux comprendre les gens et leurs agissements. En vous exposant régulièrement à différents points de vue, vous serez en mesure de choisir le meilleur en tout, de comprendre les choses plus clairement et de vous équiper pour faire face aux surprises que la vie vous réserve.

Imaginez que vous êtes un agent de la circulation. Ne trouvez-vous pas étrange que tout le monde respecte la limite de vitesse autour de vous pendant votre quart de travail, alors que vous vous retrouvez dans une version locale des 24 heures du Mans dès que vous quittez l'uniforme pour rentrer chez vous ?

Voyez-vous mieux
la puissance du 180 ?

Ici se termine votre apprentissage de base du 180. Vous disposez maintenant de certaines données et techniques élémentaires. L'étape suivante de votre voyage consiste à aiguiser vos réflexes et à maîtriser l'art du 180. Au fil des chapitres, vous aborderez des aspects clés de l'existence et apprendrez à exploiter en pensée et en action tout le potentiel du 180 dans chacun de ces domaines.

N'oubliez pas de vous téléporter et de transposer les leçons apprises d'un domaine à l'autre. Si, en cours de route, vous vous surprenez à penser « Je ne vois pas très bien comment cela s'applique à moi », il n'y a pas une seconde à perdre : faites un 180 et demandez-vous plutôt « Comment puis-je appliquer ça dans ma vie ? »

Ne pas oublier de me téléporter.

2. Le 180 au service du bonheur et de la confiance en soi

164

ART DU 180

BONHEUR
CONFIANCE EN SOI

AMITIÉ
AMOUR
FAMILLE

SANTÉ

ARGENT

SUCCÈS

CRÉATIVITÉ

TRAVAIL
AFFAIRES

AVENIR

TOUT LE RESTE

Deux personnes du même âge, de même origine et de même éducation possèdent une expérience et des compétences équivalentes. À vrai dire, un seul trait les distingue : l'une d'elles a pleinement confiance en elle-même tandis que l'autre manque d'assurance. Laquelle, selon vous, réussira le mieux dans la vie ?

Évident, non ?

Au cours des 10 dernières années, j'ai pris la parole devant plus d'un demi-million de personnes aux quatre coins du monde. Durant mes conférences, je pose souvent la question suivante : « Quelqu'un dans la salle peut-il honnêtement affirmer avoir toute l'assurance voulue dans tous les domaines de son existence ? » Eh bien, en 10 ans, sur 500 000 personnes, seulement 3 ont levé la main, et j'ai l'impression que c'est parce qu'elles n'avaient pas bien compris la question !

La hantise de l'échec

Une méthode infaillible pour vous gonfler à bloc ou vous faire perdre tous vos moyens consiste à passer un examen. Si vous vous en tirez bien, votre confiance en vous montera en flèche ; mais si tous vos neurones ne semblent pas suffire à la tâche, votre assurance en prendra pour son rhume.

Et comme si l'examen en soi n'était pas assez stressant et angoissant, ce qui suit est encore pire : l'appréhension des résultats ! Pourtant, en quoi la note fatidique peut-elle changer quoi que ce soit à vos facultés réelles ? Allez-vous être plus ou moins intelligent après avoir eu vos résultats que vous ne l'étiez avant ? Pourquoi donc se montrer si dur envers soi-même lorsqu'on rate un examen ?

Il est temps de faire un 180 et de tirer le meilleur parti de la situation.

Personnellement, j'adore apprendre ; mais je ne peux pas en dire autant des méthodes couramment utilisées pour évaluer nos apprentissages. Il arrive en effet qu'on juge une personne compétente dans un domaine du simple fait qu'elle a réussi un examen. Or, est-ce que cela veut dire qu'elle est plus compétente qu'une personne habile à appliquer ses connaissances dans la vie de tous les jours, mais mal à l'aise devant un examen ?

Que faire en cas d'échec à un examen ?

1. Détruisez les résultats. S'il s'agit d'un échec complet, n'en gardez aucune trace ; brûlez-les, déchiquetez-les… tous les moyens sont bons.

2. Dites-vous bien que vous êtes la même personne qu'avant de recevoir vos résultats, l'expérience en plus.

3. Si vous devez repasser cet examen, faites-le le plus tôt possible. Cela est d'autant plus important dans le cas d'un examen de conduite.

4. Cherchez à obtenir de la rétroaction. Si quelqu'un est en mesure d'expliquer votre échec, écoutez-le attentivement.

5. Demandez-vous ce que vous avez appris.

6. Remontez-vous le moral en appliquant une des techniques présentées dans ce chapitre.

Le fait de rater un examen n'a pas à virer au cauchemar. En changeant votre fusil d'épaule, vous pouvez transformer un mauvais quart d'heure en expérience d'apprentissage constructive.

Soit dit en passant, vous pouvez, par la même approche, vous remettre de cette première rencontre désastreuse avec les parents de votre nouvelle flamme, ou du mauvais sort qui vous a empêché de décrocher l'emploi de vos rêves.

Plus vous avez confiance en vous, plus il vous sera facile de sortir de votre zone de confort. Et plus vous sortirez de votre zone de confort, plus vous aurez confiance en vous. N'attendez pas l'un sans l'autre. Ce serait peine perdue.

Allez-y pour un 180, et faites tout pour développer votre assurance ; votre assurance contribuera directement à votre développement.

Tout le monde rêve d'une plus grande confiance en soi, mais tout le monde ne s'efforce pas consciemment de développer cette confiance. La bonne nouvelle, c'est que vous n'êtes pas tout le monde.

De l'inquiétude à la quiétude

Attention ! Vous êtes maître de vos préoccupations.

Et cela ne signifie malheureusement pas qu'on en vient à gérer de mieux en mieux ses préoccupations, mais bien qu'on finit par devenir maître dans l'art de se préoccuper. Les grands inquiets ont l'étrange don d'imaginer l'inimaginable. Ma mère est experte là-dedans. Si je l'appelle de l'étranger, elle s'inquiète de ne pas me savoir à la maison ; et si je l'appelle de la maison, elle craint que je manque de travail.

Les gens s'inquiètent pour beaucoup de choses, mais avez-vous remarqué que ce sont toujours des choses négatives ? Personne ne s'inquiète de décrocher un gros contrat, ou de trouver le grand amour. On craint plutôt de rater l'affaire du siècle ou de vieillir seul.

Certains vont même jusqu'à prétendre qu'une certaine dose d'inquiétude est bonne pour eux, qu'elle les aide à voir venir. D'accord, mais à voir venir quoi ? Le pire ?

Dites-vous bien que l'inquiétude n'est qu'un produit de votre imagination. Et c'est là une excellente nouvelle, car plus vous êtes habile à utiliser votre imagination pour vous faire du sang de cochon, plus vous pouvez renverser la vapeur et l'utiliser pour débarrasser votre vie de toute inquiétude. Voici comment.

Une pointe d'assurance, quelqu'un ?

Je vais maintenant vous apprendre une technique toute simple qui ressemble à une bonne recette de gâteau : réunissez les bons ingrédients, suivez les instructions à la lettre, et vous obtiendrez un résultat fantastique à tout coup.

Ce que je vous propose, c'est d'appliquer l'approche 180 pour transformer l'inquiétude en assurance. Et pour réaliser ce tour de force, nous allons faire appel au muscle mental responsable de tous vos soucis, c'est-à-dire votre incroyable imagination.

Mettez cette idée en pratique dès maintenant. Puis exercez-vous en y mettant de plus en plus de conviction. Ainsi, la prochaine fois que vous sentirez l'inquiétude vous gagner, vous saurez comment vous y prendre pour la chasser efficacement.

Pour cet exercice, retournez dans le passé. Rappelez-vous une situation où vous étiez très inquiet alors que vous n'aviez aucune raison de l'être ; une situation où tout a en fait tourné pour le mieux, et où vous vous êtes finalement senti plus confiant que jamais.

Histoire de vous rafraîchir la mémoire, voici quelques exemples d'expériences que vous pourriez avoir vécues :

- Un rendez-vous amoureux angoissant qui a donné suite à une relation sublime.

- Une entrevue d'emploi stressante qui vous a valu un poste important.

- Une audition où vous étiez rongé par le trac et qui vous a ouvert la porte d'un premier rôle.

Revivez maintenant le moment qui a précédé celui où l'inquiétude a commencé à s'installer, et reconstituez la séquence des événements jusqu'au moment où vous vous êtes senti plus sûr de vous que jamais.

Demandez-vous maintenant ce qu'il y avait de différent en vous lorsque vous étiez dévoré par l'inquiétude par rapport à l'euphorie d'être en pleine possession de vos moyens. Notez les différences dont vous vous souvenez au niveau de…

- la respiration ;

- la physionomie ;

- la concentration ;

- le langage ;

- la réaction des gens autour de vous.

La touche finale de la recette vous paraîtra sans doute plus facile si vous fermez les yeux…

Revivez la sensation de bien-être et les manifestations d'assurance associées à l'événement heureux que vous venez de vous rappeler, et amplifiez-les jusqu'à vous sentir débordant de confiance.

Exercez-vous ensuite à refaire cette recette aussi souvent que le cœur vous en dit. Et donnez un nom à ce nouveau vous et à l'impression géniale qui s'en dégage : Supermoi, As des as, Championne, ou quelque chose du genre. Ça pourra vous sembler un peu bizarre et artificiel au début, mais ne vous en faites pas pour ça. Vous aviez le même sentiment avant d'arriver à lacer vos chaussures ou à faire du vélo, alors que vous le faites maintenant les yeux fermés. De la même façon, plus vous ferez et referez la recette du gâteau d'assurance, plus vous la réussirez et plus elle deviendra une seconde nature.

Ainsi, la prochaine fois que vous sentirez l'inquiétude monter en vous, faites aussitôt un 180 en cuisinant votre désormais fameuse recette de gâteau magique. Et n'oubliez pas de donner le temps au gâteau de lever, ce qui peut parfois prendre quelques minutes et d'autres fois, plusieurs heures – tout dépendant de la « pression atmosphérique ». Vous devez y croire de toutes vos forces et aller jusqu'au bout.

Ceux qui savent transformer l'inquiétude en assurance récoltent d'incroyables bienfaits.

Vive la nostalgie nébuleuse !

Ah, la nostalgie n'est plus ce qu'elle était… (Excusez-la !) Non, mais, sérieusement, avez-vous déjà remarqué à quel point peuvent différer les témoignages de deux personnes ayant vécu le même événement ? Et la façon dont les gens maquillent leurs souvenirs pour qu'ils concordent avec l'image qu'ils se font de ce qui s'est passé ? La raison en est simple : la mémoire ne reflète que notre interprétation des faits.

Il s'agit d'un curieux phénomène, mais la bonne nouvelle, c'est que vous pouvez l'utiliser à votre avantage en faisant faire un 180 à vos souvenirs improductifs pour vous créer un passé positif. «Improductifs» dans le sens où vous pourriez juger utile de préserver certaines parties sombres de votre passé. À vous de voir.

Prenons l'exemple de Daniel, un gars dans la quarantaine passablement heureux, mais qui avait du mal à s'entendre avec son père. Comme celui-ci avançait en âge, Daniel souhaitait que les choses s'arrangent entre eux. Il a donc décidé de faire appel à la «nostalgie nébuleuse», car pour autant qu'il s'en souvienne, son père n'était pas très présent durant son enfance.

Le moment était venu d'embellir ses souvenirs. Il a commencé par demander à sa mère de lui raconter les moments qu'elle aimait le plus se rappeler entre son père et lui enfant. À sa grande surprise, il y en avait beaucoup ! Batailles d'oreillers, parties de pêche, le jour où il s'était enfermé dans des toilettes publiques et où son père avait dû grimper par-dessus la porte pour le sortir de là, et j'en passe.

Ensuite, Daniel a fait le même exercice avec son père.

Au bout du compte, notre homme avait amplement de quoi remeubler sa mémoire. Il est remonté aussi loin qu'il le pouvait dans le temps, et a repassé dans sa tête le film des moments heureux passés avec son père. Puis il y a ajouté des épisodes de son cru. Chaque fois qu'il se heurtait à un point de son passé qu'il associait avec l'absence de son père, il le remplaçait par un souvenir sur lequel il brodait à volonté.

Plus il poussait l'expérience, plus sa mémoire et son imagination se fondaient l'une dans l'autre, et plus ses souvenirs d'enfance heureuse en compagnie de son père emplissaient son esprit.

Daniel raconte qu'au début, il avait l'impression de fausser la réalité. Mais il a vite compris que sa perception de la réalité était subjective, et qu'il avait tout avantage à enjoliver ses souvenirs lorsqu'ils étaient trop noirs. «Le plus drôle, dit-il, c'est que j'apprécie beaucoup plus mon père qu'avant. Et il n'a pas changé une miette. C'est moi qui devais apprendre à le voir d'un autre œil.»

Il n'est jamais trop tard pour avoir une enfance heureuse.

Faites «comme si»

Mêler mémoire et imagination de cette façon vous semble un peu tiré par les cheveux? Sachez qu'il a moi-même fallu me convaincre de la valeur de cette technique à l'époque où j'ai commencé à m'intéresser aux méthodes conçues pour augmenter la confiance en soi.

Simon Woodroffe, le concepteur de YO! Sushi et de YOtel – un des entrepreneurs les plus prospères de la Grande-Bretagne –, m'a un jour avoué qu'il craignait lui aussi qu'on le «démasque». Et lorsque je lui ai demandé comment il surmontait cette crainte, il m'a répondu qu'il faisait «comme si».

Au moment de conclure la transaction qui devait mener à l'ouverture du tout premier restaurant de la chaîne YO! Sushi, il n'avait pas la moindre idée de ce qu'il fallait dire ou faire. Il a donc simplement agi «comme si» il savait ce qu'il faisait. Pour reprendre ses mots: «Je me suis imaginé dans la peau d'un expert, je me suis demandé comment il agirait dans une telle situation, et j'ai joué le rôle du mieux que j'ai pu. »

Lorsque vous ne savez pas comment aborder une situation, faites un 180 et agissez « comme si » vous le saviez. Vous serez étonné de voir ce qui peut jaillir de votre esprit.

Vous voulez que je vous dise un secret ? La plupart des gens ont plein de doutes. C'est pourquoi ils cherchent à mettre leur confiance dans des personnes sûres d'elles-mêmes. Que diriez-vous de devenir une de ces personnes ?

La première personne à convaincre, c'est vous. Si vous arrivez à vous convaincre vous-même, vous convaincrez n'importe qui.

Comment une personne sûre d'elle agit-elle ? Que feriez-vous si vous n'aviez aucun doute ? Qu'est-ce qui changerait dans votre vie ? Une bonne façon de le savoir consiste à créer plusieurs personnages (grâce à la recette du gâteau d'assurance), et à les mettre en scène selon vos besoins. Ainsi, Supermoi pourrait très bien être secondé par Roland le roi des réunions, ou Chantal la charmeuse… selon les besoins.

Vos personnages « comme si » peuvent eux-mêmes avoir plusieurs personnalités.

- Confiant
- Compatissant
- Innovateur

- Prévenant
- Sûr de soi
- Inspiré

- Drôle
- Perspicace
- Astucieux

- Déterminé
- Cool
- Détendu

Il est essentiel de vous exercer à faire «comme si» lorsque vous n'avez pas à le faire. C'est en forgeant qu'on devient forgeron, comme on dit. Ainsi, lorsque viendra le temps de livrer la performance du siècle, vous serez fin prêt.

Au suivant!

Richard Nugent agit comme coach auprès de sportifs de haut niveau et de chefs d'entreprise. Il a coécrit *Football : Raise your mental game*. Alors que nous discutions de ce qui fait que certains joueurs de football semblent perdre confiance en eux durant un match, il m'a raconté l'étonnante histoire d'un de ses clients.

> *Il s'agissait d'un joueur de Liverpool comptant parmi les jeunes talents les plus prometteurs du pays. Mais il avait un problème : si par malheur il faisait une mauvaise passe en début de partie, il avait toutes les chances d'en faire au moins cinq autres durant le match.*
>
> *Le souvenir de sa mauvaise passe lui restait collé dans le coco. Ce qui veut dire qu'à chaque fois qu'il devait faire une passe, il rejouait en pensée celle qu'il avait ratée.*
>
> *Robert m'a expliqué que cela revenait à vouloir faire deux bonnes passes en même temps pour se racheter, car le cerveau ne fait pas de distinction entre le réel et l'imaginaire profondément senti. Mais vous savez comme moi que même le meilleur des joueurs ne peut faire deux passes en même temps.*
>
> *On comprend donc facilement que le pauvre gars se retrouvait complètement angoissé. Chaque fois qu'il s'apprêtait à faire une nouvelle passe, il revivait et tentait de corriger les précédentes dans sa tête, ce qui l'entraînait vers un nouvel échec.*

Accumulant ainsi les passes manquées, le triste joueur devenait de plus en plus convaincu que la suivante serait aussi mauvaise. Un cercle vicieux dont il n'arrivait pas à sortir.

Afin de corriger le problème de son client, Richard lui a enseigné à se concentrer sur une phrase clé : « Au suivant ! » L'idée était de se répéter cette phrase en jouant pour neutraliser le souvenir d'une passe ratée.

Si vous êtes un joueur de football professionnel, vous savez maintenant ce qu'il faut faire pour cesser d'enchaîner les mauvaises passes. Mais il y a de bonnes chances pour que vous n'en soyez pas un. Vous pouvez donc remplacer la notion de mauvaise passe par une occasion manquée, une audition ratée, un refus déprimant, une situation où vos paroles dépassent votre pensée…

Si vous prenez l'habitude de vous répéter une phrase comme « Au suivant ! » lorsque vous vous sentez atteint, vous risquerez moins de refaire les mêmes erreurs et de revivre les mêmes situations. En vous concentrant sur un avenir positif plutôt que sur un passé négatif, vous gagnerez rapidement de l'assurance.

Je me concentre sur un avenir positif.

Au suivant !

Le 180 en action

Voici quelques exemples concrets :

- Une conversation téléphonique qui tourne mal – « Appel suivant ! »

- Vous cherchez vos mots face à un interlocuteur – « Phrase suivante ! »

- Vous oubliez votre texte en plein discours – « Idée suivante ! »

- Ce que vous essayez de faire ne fonctionne pas – « Action suivante ! »

- Votre suggestion est rejetée – « Proposition suivante ! »

Vous commandez toujours le numéro 37 ?

Êtes-vous de ceux qui associent passé et sécurité ? Eh bien, vous devez avoir du mal à faire de nouvelles expériences, car votre perception de tout ce qui est nouveau ou différent rime avec risque.

Quand j'étais petit, je me réjouissais à l'idée de manger du chinois. Nous avions d'ailleurs un véritable rituel. Environ une fois par mois, mes parents annonçaient que nous allions commander du chinois. Mon frère et moi sautions de joie, et une trentaine de minutes plus tard, mon père revenait à la maison avec un sac contenant un riz frit au poulet (numéro 37), un poulet sauce aigre-douce (numéro 52) et une portion de frites.

C'est ainsi que pendant les 13 premières années de ma vie, j'ai sincèrement cru que les seuls plats à emporter du restaurant chinois de notre quartier étaient le riz frit au poulet, le poulet sauce aigre-douce et les frites.

Le fait est que mes parents commandaient le même repas chinois depuis 20 ans. Pourquoi ? Parce qu'il s'agissait d'une valeur sûre : c'était bon, et ils savaient à quoi s'attendre.

Voici comment et pourquoi ils ont un jour fini par changer d'idée, et ainsi contribué à ma découverte des cuisines du monde.

Après avoir passé la commande habituelle par téléphone, mon père est allé en prendre livraison au comptoir et est revenu à la maison avec son fameux sac. Jamais je n'oublierai sa tête – et ses jurons (les premiers que j'aie entendus de sa bouche) – en soulevant le couvercle d'un contenant et en constatant que le riz frit au poulet avait, par erreur, été remplacé par le chow mein spécial de la maison.

Mon père et ma mère ont ensuite tour à tour retiré une nouille du contenant à la fourchette, ne sachant trop quoi en faire. Après quelques minutes de palabre, je me suis finalement offert à manger les nouilles. Ce à quoi ma mère s'est empressée de rétorquer : «Mais tu n'aimes pas les nouilles.»

Comment aurait-elle pu le savoir? Je n'en avais jamais mangé!

En fin de compte, nous avons décidé que tout le monde y goûterait… et tout le monde a adoré ça.

Cela dit, ce n'est pas ce qui a amené mes parents à dévier du numéro 37 et du numéro 52 pour essayer divers plats chinois. La vraie raison est plus compliquée que ça.

Je sais aujourd'hui que ce nouveau mets étrange et délicieux était le chow mein spécial de la maison (numéro 78), mais à l'époque, on ne lui connaissait pas d'autre nom que «l'erreur». Par la suite, chaque fois que mon père commandait du chinois, il demandait bien sûr un numéro 37 et un numéro 52, mais il essayait aussi de décrire «l'erreur» dans l'espoir de retrouver le goût qui avait fait le bonheur de toute la famille.

De tentatives en échecs, il a fallu plusieurs mois – six essais, pour être plus précis – avant de tomber sur le mets tant recherché. Mais nous avons entre-temps découvert cinq nouveaux plats, que nous avons bien sûr adorés.

Quel est votre «numéro 37»? Qu'est-ce que vous faites et refaites parce que vous l'avez toujours fait? Pourquoi ne pas faire un 180 et essayer quelque chose de nouveau? Que vous optiez pour une expérience culinaire, un changement de trajet, une destination de vacances inusitée ou une nouvelle façon de faire, c'est là un excellent exercice de développement de la confiance en soi.

Quel est mon «numéro 37»?

Mon amie Cheryl se plaît à dire : « Tous les trois ans, il faudrait changer de maison, de mari et d'emploi. »

Être heureux pour le plaisir de l'être

La plupart des gens attendent d'avoir une raison pour être heureux. Ce n'est qu'ensuite qu'ils décident d'être joyeux. L'approche 180 repose entre autres sur le fait que vous n'avez pas à attendre de vous sentir heureux pour qu'il vous arrive des choses heureuses. Pour tout dire, vous pouvez plonger dans le bonheur chaque fois que vous en avez envie.

Mais être heureux pour le plaisir de l'être demande un peu de stratégie. Voici donc quelques pistes pour vous mettre sur la bonne voie.

N'analysez pas plus qu'il le faut les questions ci-dessous. Un simple oui ou non fera très bien l'affaire.

- Pouvez-vous être heureux et malheureux dans une même journée ?

- Pouvez-vous être heureux et malheureux à l'intérieur d'une même heure ?

- Avez-vous déjà vécu des situations semblables qui vous ont une fois rendu heureux et une autre fois, malheureux ?

- Avez-vous remarqué que certaines personnes semblent plus heureuses que d'autres ?

- Avez-vous remarqué que certaines personnes semblent toujours heureuses ?

- Y a-t-il des moments où, même si vous avez tout pour être heureux, il vous semble plus facile d'être plutôt grognon ou malheureux ?

- Ne pouvez-vous pas, justement, choisir d'être grognon ? Après tout, pourquoi pas se permettre d'être grognon de temps à autre ?

- Cela dit (et c'est là que ça se corse !), si vous pouvez choisir d'être grognon ou malheureux, ne pouvez-vous pas aussi choisir d'être heureux ?

Grognon ou heureux ? À vous de choisir.

J'ai comme l'impression que vous avez répondu oui à la plupart des questions… Quoi qu'il en soit, ces questions toutes simples n'ont pour but que de vous amener à vous dire que vous avez en fait toujours le choix. Et le choix devient encore plus évident lorsque vous disposez des bons outils.

**Un moyen tout simple pour transformer
le malheur en bonheur**

La façon la plus simple et la plus rapide de vous sentir heureux consiste à afficher un grand sourire. Plus facile à dire (et à lire) qu'à faire, me direz-vous ; mais le jeu en vaut la chandelle, croyez-moi.

Il existe deux écoles de pensée concernant ce genre d'approche «faites comme si jusqu'à ce que ça fonctionne».

La première veut qu'en s'engageant dans une voie, même sans y croire, on pousse le mental à penser différemment et on obtient des résultats en conséquence.

La deuxième croit plutôt qu'on ne fait ainsi que recouvrir ses pensées profondes d'une mince pellicule, et que même si ça peut produire des résultats différents, on retombe rapidement dans ses anciennes habitudes.

Je pense quant à moi qu'une approche plus réaliste se situe quelque part entre les deux. Voici donc ma recette en trois étapes pour changer le malheur en bonheur. Il s'agit d'une recette éprouvée qui donne des résultats rapides… et durables.

1. **Changez de posture et de physionomie** — Remplacez votre air grognon, renfrogné, abattu, sérieux ou résigné par un large sourire, redressez vos épaules, relevez le menton, regardez au-dessus de la ligne d'horizon et prenez quelques grandes respirations.

2. **Faites le tour de vos plus** — Pensez à cinq choses qui vont bien et qui vous font du bien en ce moment même – je suis en vie, j'ai une maison qui me plaît, j'ai belle apparence, j'ai de quoi manger à ma faim, les gens m'aiment comme je suis… Ce genre de choses. Mais il vous en faut au moins cinq, et ça fonctionne encore mieux si vous les mettez par écrit.

3. **Passez à l'action** — Lancez une ou deux actions concrètes à même de vous procurer du bonheur. Il est facile de sombrer dans la tristesse en restant sédentaire, et tout aussi facile de se sentir heureux dans le mouvement. Si vous avez un téléphone à faire, levez-vous et changez de pièce pour le faire. Si vous devez mettre de l'ordre autour de vous, faites-le avec empressement. Le mouvement est source de bien-être !

Je ne dois pas attendre d'être à plat. Je dois m'exercer dès maintenant à me remonter le moral.

Simple ? Trop simple ? Je vous mets tout de même au défi d'essayer ma recette avant de la rejeter, et je vous conseille de l'essayer avant d'en avoir vraiment besoin. N'attendez pas d'être déprimé. Exercez-vous dès maintenant. Il vous sera alors plus facile de la mettre en pratique lorsque vous en aurez besoin.

Si vous êtes du genre à lire un livre de la première à la dernière page (par opposition à un butineur comme moi), vous avez sans doute conscience d'avoir jusqu'ici couvert environ 20 % de la matière. Vous avez sans doute aussi remarqué que nous nous sommes jusqu'ici concentrés sur vous-même. Qu'à cela ne tienne ! Nous allons maintenant explorer l'approche 180 dans vos rapports avec le monde extérieur.

3. Le 180 en amitié, en amour et en famille

146

ART DU 180

BONHEUR
CONFIANCE EN SOI

**AMITIÉ
AMOUR
FAMILLE**

SANTÉ

ARGENT

SUCCÈS

CRÉATIVITÉ

TRAVAIL
AFFAIRES

AVENIR

TOUT LE RESTE

J'aurais bien aimé que ce chapitre soit le plus court, mais le fait est que nous tenons trop souvent pour acquis les êtres qui nous sont chers, si bien que nous nous compliquons la vie pour rien. Heureusement, nous pouvons tous améliorer nos rapports avec nos proches en utilisant les bons outils et les bonnes techniques, et en y mettant un peu d'effort.

L'amitié

Commençons par les amis. Ce qu'ils peuvent être merveilleux ! Vous aimez passer du temps avec eux, ils partagent vos convictions, ils ne sont pas trop accaparants, et ils sont là quand vous en avez besoin. Vous connaissez bien vos amis et ils vous connaissent bien. Ils savent exactement quoi vous offrir à Noël ou à votre anniversaire, et ils n'abusent jamais de votre hospitalité. Ils vous appellent toujours au bon moment, se souviennent des choses importantes et semblent posséder un sixième sens lorsque vient le temps de vous montrer de la sympathie ou de vous donner un bon conseil. Ils n'en font jamais trop, ni trop peu.

Est-ce là une définition juste de vos amis ?

Sans doute en partie. Ils ont sûrement un peu de tout ça – de temps à autre –, mais admettez qu'il leur arrive aussi de vous appeler à des heures indues, de chercher à se rendre intéressants, de parler dans votre dos, de vous offrir des cadeaux plutôt nuls (en tout cas moins songés que les vôtres) et d'être à côté de la plaque lorsqu'il s'agit de comprendre vos sentiments profonds ou vos réels besoins et désirs.

Ou est-ce moi qui suis dans le champ et trop dur avec vos amis ? Je vous entends d'ici : «Ils ne sont peut-être pas parfaits, mais ils ne sont pas si mal que ça. De toute façon, je n'y peux rien ; ce sont mes amis, et je n'en ai pas d'autres.»

Soit. Mais quel que soit le dosage exact de leurs qualités et de leurs défauts, qu'arriverait-il si vous faisiez un 180 et décidiez de ne plus vous contenter d'amitiés approximatives ? De rechercher la crème de la crème, et rien de moins ?

Pas la peine d'attendre la réponse, puisque vous pouvez tester cette hypothèse dès maintenant !

La grille de l'amitié

Tout d'abord, dressez la liste des huit amis avec lesquels vous passez le plus de temps. Écrivez leur nom dans le tableau qui suit. Il peut s'agir de voisins, de collègues de travail, d'anciens copains de classe… Puis, à côté de chaque nom, inscrivez le pourcentage de temps que vous estimez passer avec cette personne. Pour vous faciliter la tâche, disons que vous êtes éveillé et disponible à passer du temps avec d'autres environ 100 heures par semaine.

L'étape suivante consiste à donner à chacun de vos amis une note de 1 à 10 selon son degré de positivisme ou de négativisme. Une personne très positive pourrait obtenir une note de 9 ou 10, tandis qu'une personne plutôt négative obtiendrait un 2 ou un 3. Et vous avez bien sûr le champ libre entre les deux, une note de 5 indiquant une personne franchement neutre.

Enfin, accordez à chacun une note selon ce qu'il «Donne ou Prend» dans la relation. Plus une personne donne, plus sa note sera élevée, et plus elle prend, plus sa note sera faible. Ici encore, faites de 5 votre point neutre.

AMIE(S)	POURCENTAGE DU TEMPS	POSITIF NÉGATIF	DONNE PREND
1	%		
2	%		
3	%		
4	%		
5	%		
6	%		
7	%		
8	%		

Voici quelques exemples destinés à vous aider à vous faire une idée plus précise.

POSITIF (note élevée)

- Se concentre sur ce qui va bien
- Cherche des solutions
- A le don de vous stimuler
- Sourit volontiers

NÉGATIF (note faible)

- Parle surtout de ce qui ne va pas
- S'attarde aux problèmes
- A le don de vous épuiser
- A tendance à se plaindre

DONNE (note élevée)	PREND (note faible)
■ S'intéresse à vous	■ Parle constamment d'elle-même
■ Connaît vos manies et vos caprices	■ Ne vous connaît qu'en surface
■ Se porte à votre aide sans hésiter	■ Veut d'abord connaître les implications
■ S'empresse de payer sa part	■ Disparaît lorsqu'arrive la note

Je sais que ça peut parfois être difficile. Bravo, donc, si vous vous êtes donné la peine de faire l'exercice jusqu'au bout. En présumant que c'est le cas, vous pouvez maintenant situer vos amis sur une grille comme celle de l'exemple qui suit.

Cet exemple illustre la façon dont ça fonctionne. Paul a obtenu une note de 6 sur l'échelle «Donne ou Prend», et 3 seulement sur l'échelle positif/négatif. C'est ainsi qu'il se retrouve dans le quadrant supérieur gauche. Louise est pour sa part très positive et généreuse de sa personne, de sorte qu'elle trouve sa place dans le quadrant supérieur droit.

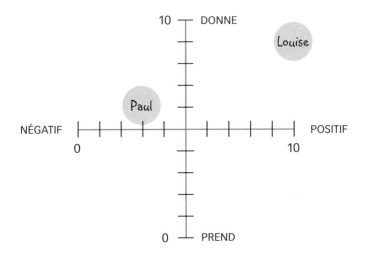

Après avoir situé vos huit amis dans la grille, vous commencerez à mieux voir ceux avec lesquels vous devriez songer à passer plus de temps et ceux avec lesquels vous devriez sans doute adopter une stratégie quelque peu différente.

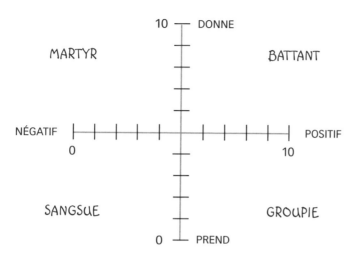

Voici ma description des quatre quadrants.

- **Les sangsues** — Les moments passés en leur compagnie ont tendance à vous vider. Vous les appréciez peut-être comme amis, mais vous devez savoir que deux choses les intéressent par-dessus tout : eux-mêmes et les misères de la vie. Nous avons tous nos heures d'égocentrisme et d'apitoiement, mais si vous passez beaucoup de temps avec des «sangsues», vous devez songer à vous protéger.

- **Les martyrs** — Ils attirent la sympathie et se donnent sans compter, mais vous ne pouvez vous empêcher de les plaindre. Ils vous font même parfois sentir coupable de ne pas être aussi affable et généreux qu'ils peuvent l'être. Ils ont aussi tendance à être plus souvent malades que d'autres, et tout en vous priant de ne pas vous en faire pour eux, ils ne sont que trop heureux de vous faire part des moindres détails de leurs maux.

- ☐ **Les groupies** — Toujours de bonne humeur et souriants, ils ne demandent pas mieux que de vous raconter tout ce qu'ils ont pu faire. Ils semblent avoir de l'information et des opinions à revendre sur à peu près tout. Le défi tient à ce qu'ils doivent toujours avoir raison, si bien que vous finissez par avoir l'impression d'avoir toujours tort.

- ☐ **Les battants** — Ce que vous pouvez vous sentir bien en leur présence ! Aussi intéressés qu'intéressants, ils sont attentionnés et se font un plaisir de faire ce qui vous fait plaisir. Ils sont également là lorsque vous avez besoin d'une main secourable, et vous accueillez volontiers leurs conseils, d'autant plus que vous les avez généralement demandés.

Maintenant que j'ai classé mes amis, je fais quoi ?

Lorsque ma femme Christine et moi avons créé la « grille de l'amitié », nous l'avons testée auprès de nos proches. Quel ne fut leur étonnement en découvrant leurs sentiments réels envers tel ou tel ami, ou leur perception intime d'un groupe en particulier ! Reste qu'après quelques minutes de réflexion, ils en venaient tous à poser la même question : « Que dois-je faire, maintenant ? »

Voici vos choix. Si vous êtes vraiment bien avec vos amis, si vous appréciez chaque instant que vous passez en leur compagnie et si vous êtes pleinement satisfait de ce que vous retirez de vos rapports avec eux, vous n'avez rien à faire. Mais si ce n'est pas exactement le cas, profitez de l'occasion pour faire un 180 et tirer le maximum de vos amitiés.

Suivent quelques idées sur ce que vous pourriez faire à l'égard des amis qui se trouvent dans les différents quadrants de votre grille.

Commençons par ce que j'appelle la ligne des 3 « É ». Elle part du quadrant supérieur droit, traverse le centre et aboutit dans le quadrant inférieur gauche.

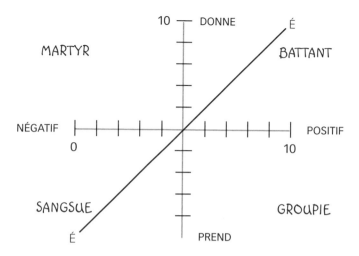

Plus vos amis se trouvent près du coin supérieur droit, plus vous devriez vous concentrer sur le premier É, et les « élever » dans votre estime.

À l'inverse, plus ils se trouvent près du coin inférieur gauche, plus vous devriez songer à vous rabattre sur le troisième É, et à les « éliminer ».

Il va sans dire qu'il ne s'agit pas ici de retenir les services de quelque sinistre individu, ni d'envoyer paître un ami aux prises avec des problèmes passagers et ayant plus que jamais besoin de vous. Ce que j'essaie de vous dire, c'est que vous devriez prendre certaines mesures pour vous protéger de ceux et celles qui se retrouvent dans ce quadrant plus souvent qu'à leur tour. Et je crois sincèrement que vous pouvez le faire d'une manière constructive.

Quant aux personnes qui atterrissent entre ces deux extrêmes, elles peuvent vraisemblablement monter en grade avec un peu d'« éducation ».

Il suffit donc de se rappeler les 3 « É » pour savoir comment réagir face aux personnes qui s'inscrivent dans l'axe coin supérieur droit – coin inférieur gauche, à savoir élever, éduquer ou éliminer.

Voici plus de précisions sur les mesures à prendre selon les quadrants.

◉ **Les sangsues** — Estimez le nombre d'heures que vous passez avec des sangsues, et demandez-vous ce que vous pouvez faire pour le réduire de moitié le plus rapidement possible. Rappelez-vous qu'on finit par ressembler aux gens avec lesquels on passe le plus de temps !

◉ **Les martyrs** — Ce groupe présente plus de difficultés, car les amis de cet ordre se donnent sans compter. Par contre, il ne faut pas oublier qu'ils prennent beaucoup en retour sur le plan émotionnel. La meilleure approche avec eux est celle de la fermeté affectueuse. Ainsi pourriez-vous devoir leur faire comprendre clairement ce que vous ressentez face à leur négativisme, tout en les encourageant à regarder davantage le côté positif des choses.

◉ **Les groupies** — Voilà des amis qu'il fait bon voir… en groupe. Organisez-vous pour ne pas les rencontrer seul. Vous aurez tôt fait de constater qu'il est plus facile de gérer leur demande d'attention à plusieurs.

◉ **Les battants** — Veillez à passer plus de temps avec ces gens-là, surtout s'ils se trouvent tout en haut du coin supérieur droit de la grille. En réduisant de moitié le temps que vous passez avec les sangsues, vous en aurez plus à consacrer aux battants !

Dites à vos amis « battants » à quel point vous les appréciez et les estimez. Ils vous en seront reconnaissants.

Rivalité amicale

Je parie que vous avez le sentiment d'être plus ou moins en compétition avec certains de vos amis. Et que certains de vos amis ont eux-mêmes l'impression d'être en compétition avec vous. Puisque nous n'avons rien à nous cacher, je parie aussi que vous consacrez plus d'énergie aux personnes que vous jugez meilleures que vous. Cela remonte sans doute à l'adolescence (ou plus loin encore), à une époque où tout le monde vous semblait avoir ou faire quelque chose de mieux que vous.

J'avais pour ma part un oncle très sage qui me disait, lorsque je me plaignais que tout le monde sauf moi semblait avoir ce que je voulais : « Michael, tu auras toujours l'impression de ne pas être aussi bon que certains, mais tu découvriras aussi que tu es bien meilleur que d'autres. »

En vous mesurant à vos amis, à vos parents et à vos collègues, il y aura toujours des moments où vous ne vous sentirez pas à la hauteur. Ce sentiment ne vous rendra pas meilleur, mais certains gestes peuvent heureusement contribuer à vous requinquer.

Allons-y pour un 180! Pour grandir et vous améliorer, rien de tel que de passer du temps avec des gens meilleurs que vous. Et s'il se trouve que ces gens sont vos amis, il y a vraiment de quoi fêter! Mettez votre orgueil de côté, faites une croix sur l'envie, et concentrez-vous sur ce que vous pouvez apprendre de tels amis.

Un autre 180 s'impose ici concernant ceux de vos amis qui vous considèrent comme meilleurs qu'eux. Évitez à tout prix de vous montrer arrogant envers eux. Si vous n'y faites pas attention, vous ne tarderez pas à ouvrir la porte à la vantardise. Ainsi pourriez-vous avoir l'impression de partager en toute simplicité les choses merveilleuses qui vous arrivent, alors que vos amis n'y voient que de la prétention. La nuance est parfois subtile. En cas de doute, faites une pause et offrez-vous une bonne dose d'humilité.

En cas de doute, je fais une pause.

Vous ne choisissez pas votre famille, mais vous pouvez choisir vos amis. Choisissez-les avec soin, et ils soigneront leurs rapports avec vous.

L'amour

L'état amoureux est sans contredit le plus positif qui soit. Lorsque vous trouvez l'amour, tout ce que la vie peut avoir de merveilleux se trouve du coup amplifié. Cela ressemble à la plus belle et à la plus grande des amitiés que vous puissiez imaginer, enflammée par un brasier ardent. Et comme pour tout ce qui est rare et précieux, il faut de la chance et un peu d'effort pour le trouver, et beaucoup de savoir-faire pour le conserver.

Si vous êtes déjà amoureux, quelques techniques propres à enrichir et à faire durer votre sentiment ne seront pas de refus. Mais permettez-moi de m'adresser d'abord à ceux et celles qui n'ont pas encore trouvé l'amour, qui l'ont trouvé pour ensuite le perdre, ou qui se demandent pourquoi tant de gens en font un tel plat.

Trouver l'amour... façon 180

«Un jour, mon prince (ma princesse) viendra» est une assertion aussi improbable qu'elle peut être romantique : 1) les princes et les princesses ne se montrent pas souvent le bout du nez ; 2) lorsque d'aventure ils font une apparition, ils sont généralement si imbus d'eux-mêmes qu'on ne leur trouve rien de charmant ; et 3) «Il était une fois dans une contrée lointaine» me semble en effet bien loin d'ici et maintenant.

Je vous pose donc franchement la question : croyez-vous avoir plus de chances de trouver l'âme sœur en prenant votre mal en patience et en espérant qu'elle croise un jour votre chemin, ou en partant activement à sa recherche dans le vaste monde ? Perspective effrayante, j'en conviens, mais c'est tout de même la deuxième réponse qui est la bonne.

Avant de poursuivre, sachez que ce qui suit est divisé en deux parties. La première est de mon cru et s'adresse aux hommes, tandis que la seconde a été écrite par ma femme Christine et s'adresse aux femmes. Je suggère fortement à ces dames de ne pas lire la section réservée aux hommes, de peur de ne pas aimer les conseils qui s'y trouvent. Quant aux hommes, il va sans dire qu'ils ne devraient pas non plus lire la section écrite pour les femmes.

CONSEILS AUX HOMMES

Voici une liste toute simple de choses à faire et à ne pas faire si vous êtes à la recherche de l'amour.

■ Faites ce qu'il faut pour être en forme – Olivia Newton-John avait raison : les poignées d'amour n'attirent pas l'amour.

■ N'en faites pas trop pour bien paraître – les femmes n'aiment pas les hommes qui mettent plus de temps qu'elles à se préparer.

■ Veillez à ce que vos chaussures, vos ongles et vos dents soient propres.

■ N'allez surtout pas croire les publicités qui cherchent à vous convaincre que les désodorisants fortement parfumés attirent les femmes.

■ N'hésitez surtout pas à faire les premiers pas. Les femmes sont vite séduites par les hommes qui font preuve d'assurance. Mais attention ! Elles se détournent tout aussi vite des prétentieux.

■ N'ayez pas peur du rejet. À moins d'une chance inouïe, vous aurez à vivre des échecs et des déceptions avant de trouver l'amour de votre vie.

■ Soyez romantique, mais pas aussitôt après les présentations, ni devant ses amies – restez authentique et crédible.

■ Ne vous dites pas d'accord avec tout ce qu'elle dit à seule fin de ne pas lui déplaire.

■ Montrez-vous poli et avenant.

■ Ne parlez pas seulement de vous, quels que soient vos atouts et votre sens de l'humour.

■ Invitez-la à parler d'elle en manifestant un intérêt senti (Vous souvenez-vous, au chapitre 1 : Comment se rendre intéressant, façon 180 ?)

CONSEILS AUX FEMMES

Voici une liste toute simple de choses à faire et à ne pas faire si vous êtes à la recherche de l'amour.

- Faites ce qu'il faut pour vous maintenir en forme – non seulement vous aurez meilleure apparence, mais vous vous sentirez mieux.

- Renoncez au tabac – fumer n'a rien de sexy, c'est mauvais pour la santé, ça empeste… et ça favorise la cellulite.

- Ne laissez pas vos amies vous trouver quelqu'un – vous ne vous en tirerez jamais plus mal qu'elles.

- Ne cherchez surtout pas «un mari», à moins de vouloir faire fuir tous les mâles à 50 kilomètres à la ronde.

- Ne vous gênez pas pour sourire – les hommes sont fortement attirés par le sourire féminin. Assurez-vous seulement d'afficher un sourire sincère pour ne pas avoir l'air idiote.

- Ôtez-vous de la tête que les hommes savent tout – ils n'ont souvent pas la moindre idée de ce qu'il faut dire ou faire, et ont alors besoin d'être guidés.

- Ne soyez pas trop en retard – 5 à 10 minutes de retard sont acceptables; au-delà, vous risquez d'être jugée discourtoise.

Avez-vous bien suivi ma recommandation et pris soin de ne lire que la liste qui vous concerne? Ou avez-vous plutôt improvisé un 180 et jeté un coup d'œil à l'autre? C'est bien ce que je croyais – nous sommes tous fascinés par ce que veut l'autre sexe.

Alors, vous êtes prêt à vous lancer? Eh bien, qu'attendez-vous?

Oups! J'oubliais le plus important…

Comment rencontrer l'amour de votre vie

Vous ne rencontrerez probablement pas cette personne spéciale entre toutes en restant assis à rêvasser devant votre téléviseur. Cela dit, il se pourrait que vous la rencontriez alors que vous êtes assis devant votre ordinateur. À preuve, en 2007, un mariage sur huit en Amérique résultait d'une rencontre en ligne ! Vous ne le saviez peut-être pas, mais le fait est que les fréquentations par Internet ont connu une croissance exponentielle ces dernières années.

Je me permets néanmoins de vous livrer un petit secret à propos des internautes qui s'abonnent à des sites de rencontre pour trouver l'âme sœur : ils veulent vraiment rencontrer quelqu'un ! Ce qui n'est pas nécessairement le cas dans les bars, les boîtes de nuit et les soirées, où il faut se taper la routine de dépistage des personnes qui cherchent vraiment à faire des rencontres avant d'aller plus loin. Ainsi donc, si vous n'avez pas l'intention de pousser la démarche au-delà de votre écran d'ordinateur, demandez-vous si vous êtes réellement prêt à chercher activement en ligne.

Et si vous sortiez un peu pour explorer le monde et rencontrer des étrangers ? «Aieeee ! Vous n'y pensez pas ! J'ai bien trop peur d'échouer, ou pire, d'être rejeté. Et s'il se trouve que je suis la personne la plus laide dans la pièce ? Et s'il n'y a pas d'autres célibataires ? Et si… »

On se calme. L'heure est venue de penser 180. Dites-vous plutôt qu'il pourrait y avoir plein de célibataires là où vous allez. Et si les gens vous trouvaient en fait très séduisant, ou tout à fait charmante ? Et si vous obteniez un rendez-vous ? Et si vous trouviez le grand amour ?

Histoire de vous donner l'erre d'aller, j'ai un ami qui, chaque fois qu'il entre dans une pièce, est profondément persuadé que toutes les femmes qui s'y trouvent seront attirées vers lui. Il n'a rien d'un «Rembrandt», comme dirait ma grand-mère, mais il reste que plusieurs femmes le trouvent effectivement de leur goût.

Et lorsqu'il essuie un refus, il se montre poli, affiche un grand sourire et poursuit son chemin en se disant «Une de perdue, dix de retrouvées».

Nourrir l'amour naissant

Disons que le plus dur est derrière vous et que vous avez enfin rencontré quelqu'un. Vous l'aimez bien et il ou elle vous aime bien. Qui plus est, vous êtes vraiment bien ensemble. Pourrait-il s'agir de… l'amour avec un grand A ?

Je ne dois pas compter sur la chance pour vivre le grand amour.

On m'a un jour demandé en entrevue de définir ce que c'est que d'«être amoureux», et j'ai répondu: «Vous savez que vous êtes amoureux quand votre cœur saute un battement dès que l'autre franchit le seuil de la porte.» Et si c'est encore le cas après vingt ans de vie commune, il y a fort à parier que vous avez touché le gros lot! Je ne crois toutefois pas que vous pouvez compter sur la chance pour en arriver là.

Il y a trois niveaux dans une relation, et une fois passée la lune de miel d'un amour naissant (elle finit toujours par passer!), vous devez faire en sorte d'élever votre relation jusqu'au troisième niveau.

1. **Qu'est-ce que je peux en retirer ?** — C'est à ce niveau que débutent la plupart des relations, et il n'y a rien de mal à cela. Mais si vous n'arrivez pas à décrocher de cette question, il y a peu de chance que votre relation se développe.

2. **Je veux bien faire ça pour toi, mais je m'attends à ce que tu me rendes la pareille.** — Le souci de réciprocité fait ici son entrée, et marque la fin de l'évolution de la majorité des relations. Beaucoup de gens se satisfont en effet de ce mode d'échange qui leur procure un certain degré de confort. Un exemple ? «Tu es sortie avec tes amies mardi soir; ça veut dire que je peux sortir avec les miens jeudi.»

3. **Tes besoins sont les miens.** — C'est là le niveau ultime vers lequel une relation devrait évoluer. À ce stade, vous êtes parfaitement sensible et attentif aux besoins de votre partenaire, et votre partenaire de même, sans jamais rien attendre en retour. Comme vous pouvez vous en douter, on n'arrive pas là par hasard ni sans effort, et il est encore plus difficile d'y rester. Les récompenses sont cependant fabuleuses.

Une relation de niveau 3 ne s'atteint pas sans une succession de 180, car elle exige une confiance et un engagement du plus haut calibre. Qui plus est, il est essentiel que les deux partenaires soient au même niveau. Pouvez-vous seulement imaginer une relation dans laquelle une personne serait au niveau 3 et l'autre, au niveau 1 ?

L'amour de l'écoute

Ce qui suit s'adresse à ces messieurs. Je veux parler du moment où vous et elle rentrez du travail, et où elle se met à vous raconter en long et en large la journée d'enfer qu'elle a eue.

À mi-chemin de son récit, vous êtes persuadé d'avoir trouvé la solution à ses problèmes et de pouvoir la sauver de ses tourments. Vous y allez donc de votre sagesse logique d'homme, mais elle n'a pas vraiment l'air de vous entendre. Vous êtes pourtant convaincu de pouvoir la sortir du pétrin.

Puis, la dure réalité vous frappe. Elle n'a pas écouté un seul mot de ce que vous avez dit. Tous ces brillants conseils prodigués en vain… Vous voilà complètement frustré, et elle, encore plus énervée, alors que vous cherchiez seulement à l'aider !

Voici à quoi ça pourrait ressembler :

— Bonsoir chérie. Comment a été ta journée ?
— Bien… sauf que…

— Sauf quoi ?

— Mon patron me rend folle. Il me surveille constamment, me confie toutes les tâches ingrates et se montre tatillon comme pas deux.

Voici venir l'heure du précieux conseil.

— Tu sais ce que tu devrais faire ?

— Je ne peux rien faire, c'est lui le patron.

— Voyons donc ! Si j'étais toi…

— Mais tu n'es pas moi !

— Ça, c'est sûr. Je n'aurais jamais laissé les choses se dégrader à ce point. Mais puisque tu en es là, voici ce que tu devrais faire.

— Tu n'as aucune idée de ce que je devrais faire, ni de ce que je peux ou ne peux pas faire…

Sans aller plus loin, si ce genre d'impasse vous est familier, sachez qu'il résulte d'une violation de la toute première loi des relations homme-femme : les hommes veulent tout régler alors que les femmes ne demandent qu'à être écoutées.

N'allez pas vous imaginer que lorsqu'une femme étale ses problèmes, c'est dans l'espoir qu'un homme vienne les résoudre pour elle. En général, s'il y a quelque chose à régler, elle préfère le régler elle-même (à moins qu'il s'agisse de l'assemblage d'un meuble IKEA). Sinon, elle vous demandera ouvertement votre aide.

Et si vous êtes une femme, n'allez surtout pas croire que l'homme auquel vous parlez est suspendu à vos lèvres (à moins que vous lui annonciez le score final d'un match qu'il a raté). Dieu devait décidément se sentir quelque peu excentrique le jour où il a configuré les cerveaux de l'homme et de la femme !

Trêve de balivernes. Reprenons notre conversation sans issue en faisant un 180 pour tenir compte de ce que nous avons appris.

Les hommes veulent tout régler alors que les femmes ne demandent qu'à être écoutées.

— Bonsoir chérie. Comment a été ta journée ?

— Bien… sauf que…

— Sauf quoi ?

— Mon patron me rend folle. Il me surveille constamment, me confie toutes les tâches ingrates et se montre tatillon comme pas deux.

— Veux-tu m'en parler ?

— Oh, tu sais, je m'en fais sans doute pour rien ; mais depuis une semaine, il a bien dû me faire sentir comme une moins que rien une bonne demi-douzaine de fois.

— Vraiment ? Raconte.

— Il n'y a rien à ajouter. Je me défoule un peu, c'est tout.

— Je sais, mais ça m'intéresse. Dis-moi tout.

— Eh bien, pas plus tard que mardi…

Vous avez pigé, les gars ? Très bien.

Maintenant, un conseil pour ces dames.

Lorsque votre homme rentre du travail, laissez-le regarder les nouvelles ou les résultats sportifs dans sa «caverne» (le salon) pendant une bonne demi-heure avant de chercher à établir une quelconque forme de communication sensée avec lui.

Voilà. C'est tout. C'est simple, mais les hommes sont simples.

Les hommes et les femmes diffèrent sur de nombreux points. Et les différences qui, un jour, mettent du piquant dans une relation peuvent aussi bien la détruire le lendemain. Le fait de reconnaître qu'il en est ainsi et de mettre le positif en valeur tout en s'efforçant de gommer le négatif constitue la clé d'une relation amoureuse fructueuse.

Cultiver le positif
+ Gommer le négatif
= Relation +++

L'amour durable

J'ai passé plus d'années de ma vie à être amoureux de ma femme qu'à ne pas l'être. C'est tout de même quelque chose quand on n'a que 41 ans!

J'ai découvert que ce sont invariablement les petites choses qui font ou défont une relation. Les petites choses qui témoignent de votre amour, de votre souci et de votre respect de l'autre sont d'une importance capitale. Sachez en tirer parti, et vous donnerez à votre amour une fondation solide comme le roc.

Voici quelques-unes des petites choses que nous faisons l'un pour l'autre, ma femme et moi. À vous de voir si elles vous inspirent d'autres façons bien à vous de montrer à l'autre toute l'importance que vous lui accordez.

- **Duo fluoré** – Venue l'heure d'aller au lit, le premier à utiliser la salle de bains met du dentifrice sur les deux brosses à dents. Je ne me rappelle plus quand ni pourquoi nous avons adopté cette pratique, mais il s'agit d'un geste simple et chouette.

- **Textos à l'ancienne** – Les petits mots d'amour n'ont rien de nouveau, mais l'habitude d'en laisser un peu partout s'est grandement perdue avec l'avènement des téléphones numériques. Il est sans doute charmant de recevoir un texto de son partenaire, mais un mot doux écrit à la main et glissé dans un tiroir entre deux paires de chaussettes a quelque chose de purement magique.

- **Douceur glaciale** – Une des attentions les plus renversantes de ma femme à mon égard est qu'elle dégivre ma voiture en hiver! Vous ne pouvez pas imaginer le plaisir que j'ai à prendre le volant bien au chaud avec un pare-brise complètement dégagé – surtout lorsque je suis pressé.

- **Mix musical** – Il n'a jamais été aussi facile de créer un pot-pourri de chansons à l'intention de l'être aimé. Grâce à iTunes et à d'autres utilitaires du genre, il suffit de sélectionner les pièces voulues, d'insérer un CD dans le lecteur et de cliquer sur «Graver». Vous pouvez même personnaliser encore plus votre création en y joignant une liste de plages assortie des motifs qui vous ont incité à choisir chacune des chansons.

☉ «Je t'aime» – Combien de fois vous faudrait-il entendre ces mots avant d'en avoir assez? Vous connaissez la réponse aussi bien que moi. Alors, si vous ne les avez pas encore prononcés aujourd'hui, faites-le sans plus tarder.

Vous voilà donc sur la bonne piste. L'amour – le vrai – est sans aucun doute l'expérience la plus fabuleuse qu'il vous sera jamais donné de vivre. Et qui sait? L'amour durable donne souvent envie de le faire rayonner en fondant une famille…

La famille

Ah, la famille! Commençons par le plus facile: comment amener vos enfants à vider leur assiette et à ranger leur chambre sans même le leur demander?

J'ai déjà donné une formation au personnel d'un établissement d'enseignement postscolaire tout juste avant son inspection. Vu l'horaire de cours chargé, l'établissement ne pouvait se permettre de fermer ses portes pour une seule journée en semaine, si bien que la formation devait avoir lieu un samedi.

Sur les affiches et les invitations, les organisateurs avaient pris soin de dresser la liste de ce que les participants apprendraient s'ils acceptaient de sacrifier leur journée de congé pour assister à ma présentation. Tout au bas de la liste, on pouvait lire: «Découvrez comment amener vos enfants à ranger leur chambre sans même le leur demander, sans leur promettre mer et monde, et sans qu'ils rouspètent.»

Le taux de participation? Près de 98%! Et devinez ce que tout le monde avait hâte de savoir… Précisément.

La beauté de la technique que je m'apprête à vous dévoiler est qu'elle peut être utilisée pour pousser à peu près n'importe qui à faire à peu près n'importe quoi. J'ai maintenant toute votre attention, n'est-ce pas?

Voici comment ça fonctionne. Les enfants, et plus particulièrement les adolescents, ont une aversion viscérale préprogrammée à l'égard du rangement de leur chambre. La plupart des parents ont recours aux cajoleries ou aux menaces pour les inciter à mettre de l'ordre, mais sans succès. Que font-ils lorsqu'ils ont tout essayé et qu'ils n'en peuvent plus? Ils explosent et lancent un ultimatum.

Confrontés à ce problème avec notre fils, Christine et moi avons décidé de renoncer à l'approche conventionnelle et de faire un solide 180. L'idée qui nous est venue était pour le moins radicale et passablement risquée.

Nous avons carrément décidé de ne donner à fiston que des rétroactions positives à propos de sa chambre. Le truc consistait à chercher la moindre chose qu'il ait pu ranger, nettoyer ou débarrasser, et à le complimenter sur son geste. Inutile de vous dire que ce n'était pas facile tous les jours!

Notre approche a au départ provoqué une certaine confusion, après quoi le jeune homme a fièrement déclaré qu'il voyait parfaitement clair dans notre jeu; mais nous avons décidé de tenir bon. Il nous a fallu attendre environ deux semaines avant de voir une réelle différence, mais lentement et sûrement, sa chambre est devenue de plus en plus propre. À vrai dire, beaucoup plus propre!

Ma famille mérite mieux que des recettes toutes faites.

Les techniques de persuasion conventionnelles n'arrivent souvent pas à persuader qui que ce soit. Elles sont tout juste faciles à utiliser pour tenter d'obtenir un résultat rapide. J'estime que les familles méritent mieux que ça.

Bâtir sur le positif

Imaginez un instant ce qui se passerait si vous focalisiez toute votre énergie sur le bien-être de votre famille. Pour une raison ou une autre, la majorité des familles finissent par entretenir des relations «paresseuses». Ça peut toujours aller tant bien que mal pendant un certain temps, mais lorsque les choses se gâtent, il est souvent trop tard pour remédier à la situation.

J'ai connu des pères qui se concentraient davantage sur leurs «affaires» que sur leurs adorables filles. J'ai vu des femmes plus soucieuses d'obtenir une promotion que d'épauler leur partenaire. Et des époux plus attentifs à leur ego qu'à qui ou quoi que ce soit.

Il est facile de devenir paresseux dans ses relations familiales, car le prix à payer n'est généralement pas évident avant qu'il soit trop tard. Les familles pardonnent plus volontiers que les amis. Les familles tolèrent plus d'écarts que les collègues. Et les familles ont le don d'excuser et de protéger les leurs au-delà de ce qui est raisonnable.

Soyons honnêtes : nous pouvons tous faire mieux.

Voici 10 choses que vous pouvez faire avec les vôtres, du plus proche au plus éloigné, et qui ont le pouvoir de vous garantir une vie de famille à faire rêver.

1. **Fréquentez à nouveau votre conjoint** — Lorsque vous vous êtes rencontrés, combien d'énergie mettiez-vous dans votre relation naissante ? Combien de temps passiez-vous à vous préparer à chaque rendez-vous ? Vous étiez à l'heure, vous aviez l'air du tonnerre, vous pétiez le feu et vous étiez plus qu'attentif. Vous faisiez des compliments, et vous n'aviez d'yeux et d'oreilles que pour tout ce qui vous enchantait chez votre partenaire. Dans quelle mesure sauriez-vous raviver ou rafraîchir cette expérience ?

2. **Enregistrez vos parents** (ou vos grands-parents) — J'ai récemment commencé à enregistrer des anecdotes du passé de mes parents. C'est fou, ce qu'on a pu oublier, ce qui a pu nous échapper ou ce qu'on peut encore apprendre ! Sans compter qu'avec les nouvelles technologies, il est plus facile que jamais de capter et de stocker ces souvenirs pour plus tard.

3. **Mangez ensemble** — La plupart des familles ne le font pas, et c'est bien dommage. Les repas en famille offrent une occasion unique de faire le point sur le quotidien et les états d'âme de chacun.

4. **Donnez rendez-vous à vos enfants** — Si vous avez des enfants, fixez des moments à passer avec eux en tête à tête. Je me souviendrai toujours de la fois où j'ai emmené ma fille dans un grand restaurant alors qu'elle pouvait à peine voir au-dessus de la table…

5. **Organisez des journées père-fils** — Il va sans dire que les mères peuvent faire la même chose avec leurs filles. Les liens qui se tissent alors n'ont pas de prix.

6. **Passez plus de temps avec les vieux** — Je me suis déjà vu annoncer « Je n'ai pas beaucoup de temps » avant même de franchir le seuil de la porte au moment de rendre visite à certains parents âgés. Si vous êtes aussi coupable de ce faux-fuyant, il est temps de faire un 180 et de trouver le moyen de consacrer un peu plus de temps à vos aînés.

7. **Faites des cadeaux songés** — La plupart des gens ne se cassent pas la tête lorsqu'il s'agit d'offrir un présent à un membre de la famille, si bien qu'ils finissent souvent par donner de l'argent ou une carte-cadeau. Vous conviendrez avec moi que c'est vraiment se limiter que de répéter « Je ne sais jamais quoi donner. » Renversez la vapeur et demandez-vous plutôt « Qu'est-ce qui ferait vraiment plaisir à… ? »

8. **Réunissez-vous** — Conviez les membres de votre famille étendue à un dîner ou à un pique-nique. Osez prendre une telle initiative. Ça pourrait très bien être la seule occasion de réunir toute la famille en dehors d'un mariage ou d'un enterrement.

9. **Rassemblez des souvenirs pour vos frères et sœurs** — Vous connaissez vos frères et sœurs depuis votre plus tendre enfance. Ces relations uniques vous fournissent une occasion en or de constituer un coffre aux trésors ou un album de photos ou de souvenirs inestimables pour eux comme pour vous.

10. **Exprimez votre amour** — Dire «Je t'aime» à un membre de votre famille peut vous sembler étrange si vous n'avez pas l'habitude de le faire, mais vous savez comme moi que ces mots sont doux à l'oreille de tout le monde. Exprimez donc vos sentiments – verbalement.

Le développement d'une relation demande du travail, mais les récompenses sont énormes, et prennent souvent tout leur sens dans les moments les plus difficiles.

La perte d'un être cher

Dure et incontournable réalité : les gens meurent. L'approche 180 peut-elle servir lorsque cela se produit ? Je crois bien que oui. Pour tout dire, je pense que notre tendance naturelle au 180 prend souvent le dessus en pareille circonstance. Nous nous rappelons ce que nous aimions chez le défunt, nous nous rapprochons de ceux qui restent, nous faisons preuve de compassion et nous nous sentons profondément concernés.

En situation de deuil, beaucoup de gens ressentent de la culpabilité. Peut-être prennent-ils soudain conscience de ce qu'ils n'avaient pas vu la personne ou parlé avec elle depuis un certain temps. Peut-être auraient-ils dû dire certaines choses qu'ils ont gardées pour eux, ou s'investir davantage dans la relation…

Il est naturel et prévisible d'avoir du chagrin lorsqu'on perd un être cher. Certaines personnes semblent très bien tenir le coup en refusant de se laisser atteindre par le chagrin, mais leur peine s'exprime d'autres façons.

Un deuil se vit en trois étapes :

1. **Le choc** — Les gens sont souvent choqués, voire incrédules lorsqu'ils apprennent la mort d'un être cher. Le bouleversement qu'ils éprouvent peut durer quelques heures, plusieurs jours ou même des semaines. À ce stade, l'affliction se manifeste par vagues, très souvent sous l'effet de facteurs déclencheurs. Cela dit, si vous perdez quelqu'un de très proche, vous aurez sans doute beaucoup de mal à trouver le temps de le pleurer. Il y a en effet toutes sortes d'arrangements à faire et des invités dont il faut s'occuper, bien souvent sans l'aide de la personne qui vous seconde normalement. Le moment est on ne peut mieux choisi pour faire un 180 et demander à ce qu'on vous laisse faire votre deuil en paix.

2. **La confrontation** — À ce stade, le sentiment de perte est très profond, et on a du mal à imaginer qu'on arrivera à passer au travers. Les réactions à cet état sont nombreuses et variées. Certains ont du mal à dormir et perdent l'appétit, d'autres se sentent coupables et cherchent à s'expliquer leur perte, alors que d'autres encore deviennent distants ou asociaux, allant parfois même jusqu'à exprimer de la colère face aux personnes ou aux biens que d'autres peuvent avoir dans leur vie. En ces heures où vous souhaiteriez être complètement coupé du monde, il est en fait très important de refaire un 180 et d'accueillir à bras ouverts tout le soutien qu'on vous offre.

3. **L'acceptation** — Lorsqu'une personne commence à accepter sa perte, c'est qu'elle refait peu à peu surface. Comme pour les étapes précédentes, cela ne se fait pas du jour au lendemain, mais voici certaines choses que vous pouvez faire pour franchir plus rapidement ce cap :

   ▣ Exprimez vos sentiments. Laissez couler vos larmes.

   ▣ Donnez-vous la permission d'éprouver de la douleur et de vivre votre perte.

- Obtenez de l'aide. Acceptez le soutien des gens qui ne demandent qu'à vous en offrir.

- Poursuivez le plus possible vos activités habituelles. Il est important de maintenir un climat de sécurité et de préserver une certaine forme de normalité.

- Reconnaissez que vous êtes humain lorsque vous avez mal.

- Surveillez votre santé, prenez soin de vous et évitez les abus.

- Pardonnez-vous tout ce que vous avez pu dire ou faire, ou ne pas faire.

- Accordez-vous des moments de répit dans votre deuil. Vous n'avez pas à être triste et abattu jour et nuit pour passer au travers.

- Préparez-vous aux anniversaires et aux occasions spéciales. Pensez d'avance à ce que vous ferez et à la façon dont vous marquerez le souvenir du disparu.

La perte d'un être cher n'a rien d'un sujet facile à aborder dans un livre résolument positif et conçu pour tirer le meilleur de toutes choses. J'estimais toutefois important de le faire pour que, le moment venu (préférablement le plus loin possible dans le temps), vous disposiez de l'information voulue pour vivre la situation au mieux.

J'espère vous avoir amené à prendre conscience que vous avez le choix de favoriser des rapprochements et de tisser des liens à même de stimuler et d'amplifier ce qu'il y a de meilleur en vous plutôt que de vous croiser les bras et de laisser les choses suivre leur cours.

Les amis et la famille définissent ce que nous sommes et ce que nous deviendrons.

J'espère aussi qu'en lisant ce chapitre, vous avez décidé de tirer le meilleur parti possible de toutes vos relations. Vous aurez besoin des gens qui vous entourent tout au long de votre vie, et ils auront de même besoin de vous. Ce n'est là qu'une des nombreuses raisons pour lesquelles vous vous devez d'exploiter votre plein potentiel.

Changeons maintenant de registre.

4. Le 180 et la santé

Avant d'aller plus loin, je tiens à préciser que…

- Je ne suis pas médecin.

- Je n'ai aucune compétence professionnelle dans le domaine de la santé.

- Je ne détiens pas toutes les réponses.

- J'ai souvent du mal à contrôler mon propre poids.

- J'ignore ce qui fait que les idées formulées dans ce chapitre fonctionnent, mais l'important, c'est qu'elles fonctionnent!

Je ne me suis jamais senti mieux, plus en forme et en meilleure santé qu'aujourd'hui, et la raison en est très simple: je partage la philosophie du Dr Fiona Ellis – mange bien, pense bien et bouge bien.

Le domaine de la santé et des soins de santé est le plus vaste et le plus complexe qui soit. Des trillions sont dépensés pour soigner les malades. Des billions sont injectés dans le développement de nouveaux médicaments et de nouveaux traitements. Des milliards sont consacrés à la recherche des causes de la maladie. Et des millions sont mis de l'avant dans le but d'éviter que nous tombions malades.

Je ne peux m'empêcher de penser que notre société se porterait beaucoup mieux si quelqu'un renversait la vapeur et repensait l'utilisation de ces sommes faramineuses !

Dans ce chapitre, je compte bousculer certaines idées reçues sur la santé et vous faire part de quelques-unes de mes découvertes dans ma quête de la vitalité.

Comment allez-vous ?

En ce moment même, tandis que vous lisez ces lignes, comment diriez-vous que vous vous sentez ? Imaginez-vous ensuite devant un miroir… Comment vous trouvez-vous ? Et quel sentiment monterait en vous si je vous demandais de vous imaginer sur une balance ?

Malheureusement, même lorsque les gens se sentent globalement bien, les deux dernières questions suscitent généralement une réponse négative. C'est que la majorité des hommes et des femmes d'aujourd'hui sont obsédés par leur apparence et par leur poids.

Ce ne sont pas les théories qui manquent sur ce qui nous pousse à évaluer notre état de santé en fonction de critères purement esthétiques. Je vais donc vous laisser vous faire votre propre idée là-dessus. Ce qui m'intéresse plus particulièrement, ici, c'est de vous amener à découvrir des façons de vous sentir au mieux en tous points et en tout temps.

Cap sur la santé

Attention, les mordus de l'exercice ! Êtes-vous prêts ? Êtes-vous vraiment prêts ? Super ! Le moment est venu de… tout arrêter, faire une pause, prendre une grande respiration et se détendre. Non, mais, pensiez-vous réellement que j'allais vous proposer un programme de mise en forme en vue du prochain marathon ? Il s'agit de l'approche 180, ce qui veut dire que nous faisons désormais les choses différemment. D'accord ?

Je crois dur comme fer que si vous rêvez d'un corps sain, vous devez d'abord vous assurer d'avoir un esprit sain. Faites donc un 180, et tournez-vous vers l'intérieur plutôt que vers l'extérieur.

Pour arriver à se détendre comme il faut, sachez qu'il faut autant d'énergie et de détermination que pour s'entraîner en vue d'un marathon. La différence, c'est qu'on n'utilise pas les mêmes muscles. Beaucoup de gens associent la relaxation à une soirée télé, au farniente ou à une promenade sans but. De tels moments ont sans doute leur place, mais vous n'avez sûrement pas besoin de lire un livre pour parfaire ces activités !

Le défi consiste ici à vous relaxer comme il faut – à fond –, et à profiter de ce moment de grâce pour vous programmer à être plus vigoureux et en santé. Vous serez alors beaucoup plus porté à faire ce que vous savez devoir faire, vous trouverez le temps pour le faire, et vous serez heureux de le faire.

Comment se relaxer à fond

1. Donnez-vous 15 minutes. Mais oui, vous les avez. Laissez faire les nouvelles, sautez une réunion, levez-vous plus tôt… Avec un peu de bonne volonté, vous n'aurez aucun mal à trouver ces 15 minutes.

2. Choisissez un endroit où vous ne risquez pas d'être dérangé. Éteignez votre cellulaire, bâillonnez vos enfants… bref, faites ce qu'il faut pour vous couper du monde.

3. Si le silence vous met mal à l'aise, faites jouer un disque de relaxation.

4. Assoyez-vous. Si vous vous allongez, votre cerveau risque de penser que vous voulez faire une sieste ; ce serait sans doute agréable, mais ce n'est pas le but de l'exercice.

5. Prenez deux ou trois grandes respirations, et fermez les yeux.

6. Concentrez-vous sur votre respiration de manière à la ralentir.

7. Lorsque vous commencez à vous sentir plus détendu, cherchez à vous concentrer sur des pensées, des images et des sons reposants.

8. Plus vous vous détendez, plus vous devriez vous absorber dans la douce sensation que procure la relaxation profonde.

9. Si votre esprit a tendance à gambader, appréciez sa créativité et ramenez-le gentiment à la simple relaxation.

10. Lorsque vous êtes suffisamment détendu, visualisez-vous en forme et en santé. Voyez-vous faire les bons choix et être actif, pétant de santé et débordant d'énergie.

11. Lorsque vous vous sentez prêt, commencez lentement à compter jusqu'à cinq en vous laissant devenir un peu plus alerte à chaque chiffre.

12. À cinq, ouvrez les yeux, étirez-vous et goûtez la sensation de détente complète que vous vous êtes offerte.

*Relaxation profonde
=
Santé.*

La relaxation profonde exige de la discipline et de l'entraînement. Les bienfaits en sont toutefois sublimes. Il s'agit d'une de ces choses que nous savons devoir faire, mais que nous ne trouvons jamais le temps de faire. Il suffit pourtant de sacrifier une activité moins importante, comme une émission de télé ou une course qui peut très bien attendre. Et le jeu en vaut largement la chandelle, puisque la relaxation profonde est au fondement même d'une santé éclatante.

En souplesse

Bon. Un peu de jogging, maintenant ? Pas exactement. Il est certain qu'une dose de cardiovasculaire fait des merveilles pour la santé, mais ça, vous le saviez déjà. Ce que vous ne savez peut-être pas, c'est tout ce que vous avez à gagner en apprenant à vous étirer !

Il suffit en effet de vous étirer quelques fois par semaine pour :

- tonifier vos muscles ;
- accroître votre coordination ;
- élargir votre gamme de mouvements ;
- améliorer votre circulation ;
- lubrifier vos articulations ;
- rehausser votre énergie.

Sans compter que vous pouvez vous étirer à peu près n'importe où, et sans que ça vous coûte un sou ! Voilà comment se sentir mieux et plus en forme sans avoir à courir, à prendre un abonnement au gym ou à dépenser une petite fortune en appareils d'exercice.

Comment faire rimer rondeurs avec bonheur

Les mythes aliénants sur le physique idéal causent d'inutiles tourments et plongent beaucoup de gens dans l'angoisse, voire la dépression. J'ai bien sûr lu ce qu'on a pu écrire sur l'image de soi, et je sais parfaitement bien (sur le plan intellectuel, du moins) que les mannequins qui font la couverture des magazines de santé et de bien-être font partie d'une infime minorité de gens dont la physiologie particulière permet ce genre de silhouette. Et pourtant, je pourrais encore me trouver un tas de vilains défauts chaque fois que je contemple mon image. Le problème, quand on se regarde dans le miroir, c'est qu'on a tendance à ne voir que les imperfections.

Voici donc un défi digne d'un 180 : la prochaine fois que vous vous retrouverez devant la glace en costume d'Ève ou d'Adam, concentrez-vous sur trois choses que vous aimez de votre apparence. Il s'agit d'un réel défi, je le sais, mais il importe de le relever. L'heure est venue de miser sur ce qui va plutôt que sur ce qui ne va pas.

Prêt pour une course, maintenant ?

Peut-être, à condition d'en avoir la force !

Vous ne vous sentirez jamais en pleine santé tant que vous n'apprendrez pas à apprécier le corps que vous avez.

Je gage que vous connaissez quelqu'un qui a le don inouï (et frustrant à souhait) de se lever tôt tous les matins et de courir dix kilomètres avant de déjeuner. Que ceux et celles qui se reconnaissent arrêtent de nous casser les oreilles avec leurs exploits et nous livrent plutôt leur secret !

Car, dans la vraie vie, voici ce qui se passe lorsque la majorité des gens entreprennent un programme de mise en forme. La décision est prise – cette fois sera la bonne. Ils profitent d'un samedi pour commencer à courir, et se sentent déjà mieux. Pour ne pas perdre le rythme, ils s'inscrivent au gym, se font prescrire un programme d'entraînement, et se jurent de persévérer coûte que coûte.

Puis vient mardi. La journée a été dure, et la séance d'exercice devra attendre. Les choses à faire continuent de s'accumuler, et nos sportifs en devenir réalisent

bientôt qu'ils ne sont pas allés au gym depuis une semaine. Il faudrait tout reprendre à zéro. Ils se sentent coupables de ne pas avoir plus de volonté que ça, et
décident d'abandonner plutôt que de se torturer inutilement.

Il y a un moment déclencheur dans ce scénario qui annonce clairement le
commencement de la fin, et c'est généralement autour du fatidique «J'ai eu une
journée d'enfer.» C'est comme si notre subconscient était programmé pour
trouver une raison de ne pas continuer. Et lorsqu'il nous sert l'excuse rêvée sur
un plateau d'argent, il n'y a qu'à s'en emparer pour amorcer sa dérobade vers la
porte de sortie.

On se console alors en se disant qu'il y aura une prochaine fois, et que celle-là
sera vraiment la bonne. Eh bien, si vous voulez que cette fois soit la bonne, vous
avez tout intérêt à changer votre façon de penser et à vous y prendre autrement.

Voici sept suggestions qui vous aideront à faire un 180 et à vous assurer que
cette fois sera la bonne.

1. Donnez-vous un but à atteindre, et mettez-le par écrit. Relisez-le matin et
   soir, et exercez-vous à le visualiser lorsque vous faites vos exercices de
   relaxation.

2. Faites travailler intelligemment le muscle de votre volonté. Ne vous promet-
   tez pas d'aller au gym cinq jours par semaine si vous savez très bien que
   vous avez peu de chances d'y aller plus de deux ou trois fois. Engagez-vous
   seulement à faire ce que vous savez être capable de faire. Et rappelez-
   vous que le muscle de la volonté demande autant d'entraînement que les
   autres.

3. Concrétisez votre engagement en le rendant «visuel». Laissez vos espa-
   drilles à l'entrée de la maison. Gardez une copie de votre but dans votre
   portefeuille. Veillez à ce que vos vêtements et accessoires d'entraînement
   soient toujours propres et prêts à servir.

Je me donne les moyens de changer :

1.

2.

3.

SANTÉ

4. Fixez vos séances d'exercice à des heures précises, comme pour tout rendez-vous important, et inscrivez-les dans votre agenda. Notez sur un calendrier mural ce que vous accomplissez à chaque séance.

5. Si vous en avez les moyens, retenez les services d'un entraîneur compétent à même de vous garantir des résultats. Ne gaspillez pas votre argent sur un simple préposé du gym qui ne fait que compter vos reprises et lire des magazines pour se tenir au courant des dernières tendances.

6. Imaginez pour vous-même un système de récompense qui vous motive au plus haut point… et un système de punition tout aussi efficace pour le cas où vous dévieriez du but fixé.

7. Supprimez le mot «fatigué» de votre vocabulaire. Dites plutôt «Je pourrais être plus en forme» ou «J'aurais besoin d'un peu plus d'énergie».

La toute première raison qui peut vous pousser à cesser de faire de l'exercice consiste à croire que vous êtes trop fatigué, suivie de près par la ferme conviction que vous n'avez pas le temps. Voilà pourquoi vous devez inscrire vos «rendez-vous» d'exercice dans votre agenda.

Une autre raison souvent invoquée tient à la croyance qu'il faut faire de l'exercice pendant des heures pour être en forme et perdre du poids. Mais c'est faux. Lorsque j'ai rencontré Paul Mort, de Precision Fitness, j'ai changé d'avis à tout jamais sur ce point. Il m'a demandé: «Combien de temps as-tu pour t'entraîner, Michael?» Je lui ai répondu que ça dépendait. Lorsque je suis chez moi, j'ai plus de temps, alors qu'en voyage, je n'en ai pas beaucoup. Bonne façon de se garder des options, non?

Peut-être, sauf que Paul m'a fait faire tout un 180 en me montrant comment boucler une séance d'entraînement complète – et de surcroît amaigrissante – en cinq minutes, sans équipement, et aussi bien chez moi que dans une chambre d'hôtel!

Et pour bien enfoncer le clou, il m'a ensuite demandé sur un ton quelque peu sarcastique si je pensais pouvoir caser ça dans mon «horaire chargé».

La fatigue est un état d'esprit. Peu importe à quel point vous croyez être fatigué, dans 99,9% des cas, votre corps recèle encore suffisamment d'énergie pour une séance d'exercice digne de ce nom.

Mieux encore: après votre séance, vous vous sentirez débordant d'énergie!

«Fatigué» ou pas, il me reste toujours assez d'énergie pour bouger.

SANTÉ

◉ Énergie sans limite

Le 1**80** en action

Voici comment transformer la fatigue en énergie dans le temps de le dire.

1. Admettez que la fatigue est un état d'esprit, et non un état physique.

2. Changez de langage: supprimez le mot «fatigué» de votre vocabulaire et dites-vous que vous pourriez avoir plus d'énergie.

3. Commencez à bouger, ne serait-ce qu'en vous levant de votre fauteuil.

4. Buvez quelques gorgées d'eau.

5. Enfilez vos vêtements d'exercice. Dès l'instant où vous vous préparerez à une séance, vous vous sentirez plus énergique.

6. Ne vous imposez rien d'astreignant. Commencez doucement, et voyez comment vous vous sentez au bout de cinq ou dix minutes.

7. Allez-y!

Pratico-pratique

Vous connaissez maintenant l'élément clé : un esprit sain. Vous savez comment vous détendre et comment vous concentrer sur vos atouts pour gagner de l'assurance. Vous comprenez ce qu'il faut faire pour vous mettre en train, et vous savez que la fatigue, c'est dans votre tête que ça se passe.

Prêt pour la suite ?

Voici, selon moi, la meilleure des recettes pour brûler des calories et se mettre en forme (très peu scientifique, je l'avoue, mais ça fonctionne).

- **Commencez quelque part** — Commencez par n'importe quoi, mais commencez. Tant que vous attendez d'être inscrit à un gym, de trouver le programme idéal ou de mettre la main sur la boisson énergétique par excellence, vous ne faites que vous donner des excuses pour ne pas bouger.

- **Variez votre routine** — J'ai connu un bonhomme de 80 ans qui pouvait faire 200 push-ups. Le problème, c'est qu'il ne savait rien faire d'autre. Vous ne manquerez pas non plus de rencontrer des « experts » prêts à vous convaincre que leur technique ou leur méthode est la seule à vous garantir la grande forme. Je vous conseille plutôt d'essayer différentes choses et de retenir ce qui vous fait du bien et que vous avez du plaisir à faire. Pour ma part, au cours d'une semaine donnée, je peux très bien faire une course de 10 kilomètres et une autre de 3 kilomètres, m'offrir une séance d'exercice avec DVD, et enfiler 2 ou 3 blitz « brûle-calories » à la Paul Mort sans bouger de la maison. Lorsque j'ai du temps, je n'hésite pas à faire de 30 à 45 minutes d'exercice. Lorsque je n'en ai pas, je me contente de 5 minutes.

- **Trouvez-vous un partenaire** — Je m'entraîne toujours avec ma femme. Non seulement nous nous motivons mutuellement, mais les excuses pour sauter une séance ont du mal à passer.

- ◘ **Étirez-vous** — Je n'aimais pas faire des étirements. J'avais l'impression de perdre mon temps. Mais à force de m'entraîner, j'ai pris des forces et de l'endurance, mes muscles ont pris du volume, et je me suis mis à cumuler les blessures. En apprenant à m'étirer comme il faut, j'ai finalement pu corriger le tir.

- ◘ **Surveillez votre posture** — Une bonne posture a le pouvoir d'améliorer tous les aspects de votre existence. Pour vous en convaincre, parlez-en à un ostéopathe ou à un chiropraticien.

- ◘ **Buvez beaucoup d'eau** — Entre le réveil et la fin de l'après-midi, assurez-vous de boire 1,5 litre d'eau. La déshydratation sollicite inutilement votre organisme lorsque vous faites de l'exercice.

- ◘ **Sachez boire et manger** — Quels que soient les bienfaits de l'exercice, rappelez-vous qu'environ 80 % du poids que vous gagnez ou perdez dépend directement de ce que vous mangez et buvez. Une statistique qu'on aimerait mieux oublier !

N'est-il pas étonnant que lorsque nous n'avons pas le temps de faire de l'exercice, nous trouvions tout de même le temps de manger ?

À bas la maladie

En forme ? En santé ? Excellent. Mais que faire lorsque ce n'est pas le cas ?

C'est lorsqu'on tombe malade ou qu'on se sent mal qu'on apprécie vraiment ce que c'est que d'être en pleine forme. Cela dit, certaines personnes vont toujours bien, alors que d'autres semblent « attraper tout ce qui passe ». S'agirait-il d'un autre état d'esprit ? Se pourrait-il qu'on attire la maladie à force d'y penser ?

Vous devez, comme moi, connaître un ou deux hypocondriaques. J'ai cru remarquer qu'ils ont tous une chose en commun : tout le monde leur témoigne de la sympathie lorsqu'ils sont au plus mal. J'ai même connu une femme dont les enfants étaient aussi devenus hypocondriaques, et qui, tout comme maman, recevaient plus d'attention lorsqu'ils étaient malades. N'y a-t-il pas là matière à réflexion ?

Ne seriez-vous pas d'accord pour dire que certaines personnes refusent et repoussent la maladie, alors que d'autres l'attirent et peuvent même la provoquer à force d'y penser ?

J'ai un peu honte de vous raconter ce qui suit, mais le fait est qu'il y a plusieurs années, j'ai décidé avec des collègues de tester cette théorie sur une compagne de travail. Notre hypothèse était que nous pouvions la rendre malade simplement en cherchant à la convaincre qu'elle n'allait pas bien.

La méthode n'avait rien de compliqué. Chacun de nous, à tour de rôle, lui ferait une remarque sur son teint, son regard ou son attitude, et si elle mordait à l'hameçon, il suffirait d'enchaîner en parlant de tel ou tel virus qu'on dit circuler. C'est la réceptionniste qui a ouvert le bal en lui demandant si elle «se sentait mieux», ce qui était d'autant plus génial que la pauvre ne s'était même pas sentie mal ! Puis, au cours de l'heure qui a suivi, untel et unetelle lui ont tour à tour demandé si ça allait, fait remarquer qu'elle était pâle, suggéré de prendre du repos, et ainsi de suite. Le plus culotté est même allé jusqu'à lui tâter le front et à la convaincre qu'elle faisait de la fièvre.

Eh bien, croyez-le ou non, à l'heure du lunch, elle est retournée chez elle affaiblie, fiévreuse et blanche comme un drap !

Si j'ai le pouvoir de me rendre malade, j'ai aussi celui de me remettre sur pied.

Si d'autres (ou vous-même) peuvent vous rendre malade, la question est de savoir si un 180 pourrait vous remettre sur pied. Et la réponse est oui.

Une amie solidement enrhumée m'a un jour étonné par sa réaction à un simple commentaire sur son état. Plutôt que d'abonder dans le sens de mon diagnostic tout bête, elle m'a lancé: «Je me paye un bon nettoyage.» J'ignore si elle pesait vraiment ses mots, mais elle avait parfaitement raison. Lorsque vous avez un rhume carabiné, que votre nez coule comme une champlure, que vous toussez à cracher vos poumons et que tout votre corps a l'impression de se trouver dans un appareil de torture médiéval, vous ne faites que purger votre système des saletés qui l'engorgent.

Je vais toujours bien.
Je vais toujours bien.
Je vais toujours bien.

J'ai quant à moi de la chance, car je vais toujours bien. Pour tout dire, chaque fois que quelqu'un aborde le sujet de la maladie, je répète trois fois que, pour ma part, je vais toujours bien. J'envoie ainsi un message clair à mon subconscient et à mon système immunitaire, et ça marche!

Mais que faire advenant que vous soyez vraiment frappé par la maladie? La plupart des gens croient qu'il n'y a pas grand-chose à faire à part prendre des médicaments et laisser le temps faire son œuvre. Personnellement, je crois plutôt qu'il faut changer son fusil d'épaule et assumer la responsabilité de se remettre sur pied le plus rapidement possible.

Voici 17 choses que vous pouvez faire lorsque vous n'allez pas bien et que vous voulez accélérer le processus de guérison.

1. **Faites-vous confiance et écoutez votre corps** — Si votre corps vous dit qu'il a besoin de quelque chose, donnez-le-lui. Et s'il vous dit que vous feriez mieux de ne pas prendre quelque chose, passez votre tour. Il se peut même que votre corps ait parfois besoin d'un repos complet et vous signale de ne rien manger. Laissez alors parler les parents et amis qui s'inquiètent de ne pas vous voir manger et qui vous poussent à le faire. Un peu d'eau fera très bien l'affaire. Écoutez votre corps et fiez-vous à votre intuition.

2. **Écartez les émotions négatives et cessez de vous faire du mauvais sang** — Je comprends que ça puisse être difficile lorsqu'on est souffrant, mais le négativisme n'en demeure pas moins le meilleur moyen d'entretenir la maladie.

3. **N'anticipez ni douleurs ni effets secondaires** — Les sociétés pharmaceutiques sont tenues par la loi de vous informer de tous les effets secondaires qu'un médicament pourrait avoir. Or, des études ont démontré que le fait d'être informé d'éventuels effets secondaires vous rend plus vulnérable à ces effets que si vous n'en saviez rien. Étonnant, n'est-ce pas? Telle est la puissance de votre formidable mental. Renversez donc la vapeur et faites-le plutôt travailler pour vous en vous répétant: «Ces effets secondaires n'auront aucune prise sur moi.»

4. **Admettez que les choses peuvent changer** — Certaines personnes se voient en proie à la douleur ou à la maladie pour le restant de leur vie. Sachant que les cellules de votre corps se renouvellent à tour de rôle, d'instant en instant et de jour en jour, il ne tient qu'à vous de reconnaître que vous pouvez participer à la transformation de votre corps et modifier l'état dans lequel vous vous trouvez.

5. **Concentrez-vous sur la guérison** — Aussi évident que ça puisse paraître, reste que beaucoup de gens malades se concentrent en fait sur la maladie, et prolongent ainsi leurs souffrances. Il suffit de déplacer l'objet de votre focalisation pour accélérer votre guérison.

6. **Ayez foi dans le traitement** — D'innombrables études ont démontré que les traitements sont d'autant plus efficaces qu'on les croit être efficaces. Visualisez votre corps réagir positivement au traitement, et il vous obéira.

7. **Focalisez sur ce qui vous donne de l'énergie** — Lorsque vous ne vous sentez pas bien, votre corps doit canaliser son énergie en vue de votre rétablissement, et vous pouvez lui donner un coup de main en focalisant sur des choses qui vous donnent de l'énergie. Tout en prenant le repos

nécessaire, imaginez-vous en train de faire du sport, de prendre l'air, de partir en vacances…

8. **Prenez le contrôle de la situation** — Beaucoup de personnes ayant durement été frappées par la maladie disent avoir eu le sentiment de «ne pas être en contrôle». Les professionnels de la santé semblaient savoir ce qu'ils faisaient, et elles se sentaient trop confuses ou ridicules pour leur poser des questions, même lorsqu'elles ne comprenaient pas ce qui leur arrivait. Quoi qu'il en soit, il s'agit de votre corps, et vous êtes à ce titre la personne la plus importante qui soit. N'ayez donc pas peur de déranger ou d'avoir l'air ignorant. Posez toutes les questions voulues pour bien comprendre ce que vous avez et ce qui vous arrive. Alors seulement serez-vous en mesure de décider ce qu'il y a de mieux pour vous. J'ai bien dit «vous», car personne ne sait mieux que vous ce qui vous convient ou non! Et si quelqu'un se met en tête de vous faire changer d'avis, il n'a qu'à bien se tenir et à sortir de son chapeau des arguments de poids.

9. **Ne méditez pas sur la douleur** — Difficile, je le sais; mais si vous avez mal quelque part, essayez le plus possible de détourner votre attention vers des parties non douloureuses de votre corps. En éloignant vos pensées de la zone d'inconfort, vous pouvez effectivement réduire la douleur que vous ressentez.

10. **Imaginez que vous avez un solide système immunitaire** — Visualisez votre corps en train de repousser l'agresseur; voyez-le fort et combatif face à la maladie. Pensez microscopique, et voyez les cellules méchantes se faire détruire par les bonnes; puis, érigez un système de défense impénétrable autour de vous. Imaginez que vous êtes un ordinateur, et téléchargez un antivirus à toute épreuve.

11. **Oubliez que vous êtes malade** — Vous vous souvenez de cette amie qui se payait «un bon nettoyage»? En vous concentrant sur votre purification plutôt que sur votre rhume, vous vous sentirez mieux et guérirez plus vite.

12. **Comprenez bien que ça passe souvent entre les deux oreilles** — Votre esprit a beau être formidable, il lui arrive parfois de vous jouer de mauvais tours. Certaines personnes ont ainsi le don de transformer le plus petit bobo en maladie grave. En «gonflant» vos maux de la sorte, vous pouvez sérieusement assombrir vos perspectives de rétablissement. La bonne vieille «grippe d'homme» est un exemple classique de la façon dont une personne peut exploiter un malaise bénin en en faisant un cas de mort imminente. Le seul exemple encore plus extrême de ce tour de force est celui du joueur de hockey qui se tord de douleur et grimace comme s'il souffrait le martyre après avoir été effleuré par un bâton alors qu'il s'apprêtait à décocher un tir au but. Bref, si vous exagérez votre état, il se pourrait bien que vous récoltiez ce que vous semez!

13. **Concentrez-vous sur le positif** — Tout n'est pas si mal, après tout. Vous avez un bon lit, quelqu'un qui s'occupe de vous... et une journée de «congé» pour vous en remettre. Cherchez le positif, même si ça ne vous semble pas évident à première vue. Ça vous remontera et ça vous aidera à récupérer. Une mise en garde, toutefois: n'allez pas méditer sur les côtés positifs de la maladie lorsque vous êtes en santé!

14. **Changez de discours** — D'entrée de jeu, je vous ai présenté l'approche 180 en soulignant la puissance du langage. Si vous répétez constamment aux autres (et à vous-même) que vous allez mal, c'est exactement comme ça que vous vous sentirez. Si vous voulez vous en sortir plus rapidement, essayez donc plutôt «Je pourrais aller mieux» ou «Je travaille à me remettre sur pied».

15. **Faites-vous des compliments**: — «Tu t'en tires à bon compte!» «Tu as vraiment bonne mine!» «Ce que j'ai de la chance d'être heureux!» «Je me sens mieux de jour en jour.» Il y a plein de bonnes choses dont vous pouvez vous féliciter au lieu de vous lamenter et de vous apitoyer sur votre sort.

16. **Attendez-vous au mieux** — «Le médecin m'a dit que je risquais de devoir passer la semaine au lit», disait Samantha en sortant du cabinet. Comme par enchantement, une semaine plus tard, jour pour jour, elle commençait à retrouver la forme. Je me demande combien de temps elle serait restée au lit si le médecin lui avait dit qu'elle en avait pour à peine deux jours… Dans la même veine, un ami d'enfance, Simon, s'était fait dire qu'il mourrait avant d'être adolescent. Lorsqu'il a eu 15 ans, l'échéance fatidique a été reportée à 20 ans. Eh bien, pas plus tard que l'an dernier, Simon a joyeusement fêté ses 40 ans! Inutile de vous dire que Simon s'attend toujours au mieux.

17. **Souriez** — Lorsque vous souriez, vous envoyez un message on ne peut plus clair à votre cerveau comme quoi tout va bien, et même très bien. Votre cerveau s'empresse alors de libérer des endorphines (une sorte de drogue du bonheur), soit des neurotransmetteurs qui favorisent eux-mêmes le sourire et le sentiment de bonheur. Et comme vous souriez davantage, votre cerveau produit encore plus d'endorphines. Vous voyez le tableau? N'attendez pas d'avoir une raison pour le faire. Souriez pour le simple plaisir de la chose.

Une ultime volte-face pour la santé

Mon ami Mark Tough, de Lifephorce, se plaît à dire: «Un mal de tête ne vient sûrement pas d'une carence en aspirine.» Et il a bien raison. De nos jours, nous avons l'habitude de penser que lorsque ça ne va pas, il suffit de prendre un médicament pour remédier à la situation. L'industrie pharmaceutique est l'une des plus lucratives qui existe, précisément parce que nous comptons sur elle pour régler nos problèmes. Mais que diriez-vous de faire volte-face et de vous concentrer sur ce que vous avez à faire pour ne pas avoir de problèmes de santé?

Votre mal de tête ne serait-il qu'un signal de déshydratation? La prochaine fois que vous sentirez venir un mal de tête, essayez de boire un grand verre d'eau avant de foncer vers l'armoire à pharmacie. Et si vous êtes régulièrement assailli par des maux de tête, songez à réduire drastiquement votre consommation de caféine et à augmenter d'autant votre consommation d'eau.

« Un mal de tête ne vient pas d'une carence en aspirine. »
MARK TOUGH

Une de mes plus grandes découvertes sur le plan de la santé a été de trouver une façon inédite de traiter les problèmes d'indigestion. J'en souffrais pratiquement tous les jours, et pour soulager mes douleurs, j'essayais tous les comprimés disponibles sur le marché… jusqu'au jour où, par le plus heureux des hasards, j'ai découvert les vertus du vinaigre de cidre de pomme. Si vous êtes comme moi, vous êtes sans doute en train de vous dire que la dernière chose que vous auriez envie de prendre lorsque vous souffrez d'indigestion, c'est bien du vinaigre, peu importe de quoi !

Juste au cas où vous n'auriez pas lu mon avertissement au début du chapitre, sachez que je ne suis pas médecin, que je n'ai aucune compétence professionnelle dans le domaine de la santé, et que ma théorie en la matière est purement spéculative. Cela dit, si vous souffrez d'indigestion, de reflux gastriques, de brûlures d'estomac ou de quoi que ce soit du genre, songez à essayer ma recette. Au moindre signe d'inconfort, prenez une cuillerée à thé de vinaigre de cidre de pomme biologique, et vous serez soulagé en moins de deux.

Ma théorie simpliste sur l'efficacité de ce « remède », c'est que le corps cherche à produire un surplus d'acide pour digérer ce que vous avez pu ingurgiter au cours des heures précédentes. Et dès que vous prenez votre dose de vinaigre de cidre, le corps se dit : « C'est bon comme ça. Mission accomplie. Inutile de produire plus d'acide. »

Soit dit en passant, j'ai depuis découvert que le vinaigre de cidre a d'autres effets bénéfiques sur la santé, mais je vais vous laisser faire vos propres recherches là-dessus.

Le 180 au service de la santé pourrait couvrir encore bien des pages, mais je commence déjà à manquer d'espace pour vous transmettre tout ce que j'ai envie de partager avec vous. Je peux tout juste me permettre de vous suggérer d'arrêter de penser que vous êtes sur la voie de la vieillesse et de l'affaiblissement. Faites un 180 et voyez-vous plutôt vieillir en force et en beauté.

Même certaines des idées renversantes les plus simples, comme de rehausser légèrement votre rétroviseur pour vous obliger à vous tenir droit et à améliorer votre posture globale, demanderaient trop d'explications.

Ce chapitre vise simplement à vous inspirer à agir et à mettre en pratique certaines de ces petites choses qui peuvent avoir un impact considérable sur votre santé.

Vous n'avez même pas à vous demander ce que vous feriez si l'on vous donnait le choix entre la santé et la richesse, car dans l'univers du 180, vous pouvez avoir les deux !

Je vieillis en force et en beauté.

5. Le 180 et l'argent

La réussite peut se mesurer de différentes façons, parmi lesquelles la richesse reste le critère par excellence pour beaucoup de gens. Bien que je ne sois pas entièrement de leur avis, je reste tout de même persuadé qu'une partie de la réussite dépend de notre capacité à gagner de l'argent et à créer une certaine richesse.

Payez-vous d'abord !

Plus j'étudie les personnes heureuses et prospères, plus je réalise qu'elles s'écartent des voies conventionnelles pour bâtir leur fortune. À commencer par un solide 180 qui se résume en trois mots : «Payez-vous d'abord !»

Lorsque j'ai découvert ce concept, j'ai aussitôt été emballé à l'idée qu'il me suffirait d'utiliser une partie de mes revenus mensuels pour me gâter et me faire plaisir avant de payer mes factures. Mais je n'étais qu'à moitié dans le vrai. Car, il s'agit bel et bien de retenir un pourcentage de son salaire avant de payer qui que ce soit, mais… pour le mettre de côté ! Et ce, mois après mois après mois – sans faillir.

Si vous êtes de ceux et celles qui gagnent tout juste assez pour payer leurs factures, vous vous dites sans doute que vous songerez à épargner le jour où vous gagnerez plus, ou quand vous aurez remboursé une plus grande partie de vos

$ = Me payer d'abord

dettes. Désolé de vous contredire, mais si vous voulez vraiment améliorer votre situation financière, vous devez dès aujourd'hui renverser la vapeur et adopter un nouveau système de croyances.

Je crois mordicus que la très grande majorité des gens qui dépensent tout ce qu'ils gagnent peuvent facilement utiliser la méthode qui suit pour faire leurs premiers pas sur la voie de la prospérité.

1. Cherchez des façons de réduire vos dépenses d'au moins 10 %.

2. Trouvez le genre de compte d'épargne qui vous convient.

3. Signez un ordre de prélèvement automatique d'un pourcentage fixe de votre salaire (10 % constitue un bon début) le jour même où vous êtes payé.

4. Réévaluez la situation au bout d'un an pour voir si vous pouvez augmenter votre pourcentage d'épargne.

5. Laissez les intérêts fructifier dans votre compte.

Je suis sûr que beaucoup de lecteurs butent sur le tout premier point. La plupart des gens n'ont malheureusement pas appris à bien gérer leurs finances ; pour tout dire, nous avons le plus souvent été élevés dans une mentalité de type « Achetez maintenant, payez plus tard. » Cela fonctionne à merveille si vous contrôlez les paiements et si vous pouvez compter sur l'argent des autres pour faire avancer vos projets ; mais dans la majorité des cas, le fait est que nous croyons simplement avoir besoin de choses dont nous pouvons très bien nous passer.

Mon ami Chris a toujours dépensé sans compter. Mais le jour de ses 50 ans, il s'est mis dans la tête qu'il allait faire un 180 et commencer à épargner. Aussi acharné dans l'épargne que dans la dépense, il a réussi à amasser une petite fortune en quelques mois à peine. Lorsque je lui ai demandé son secret, il m'a simplement dit que tout était dans les petites choses, et qu'il suffisait de se convaincre de penser autrement.

Avez-vous remarqué que nous avons souvent du mal à distinguer le nécessaire du superflu ?

Chris est un exemple frappant de 180, puisqu'il est carrément passé d'un extrême à l'autre. Parmi les techniques qu'il a pu mettre en œuvre pour arriver à ses fins, il y en a une que j'aime tout particulièrement. Chris avait l'habitude de se promener avec une liasse de billets dans ses poches, mais le jour où il s'est proclamé épargnant, il a décidé de ne toujours avoir sur lui que… 1 $! Et laissez-moi vous dire qu'il a été le premier surpris de tout ce qu'on peut acheter avec 1 $.

C'est fou, tout ce que je peux acheter avec 1 $.

ARGENT

Il y a mille et une façons de dégager les 10 % qui vont vous mettre sur la voie de la prospérité. Vous pouvez entre autres acheter des marques moins chères, manger moins souvent à l'extérieur, renégocier vos paiements, reporter un voyage d'agrément ou l'achat d'un nouvel appareil… Vous savez mieux que personne ce que vous avez à faire ; le moment est simplement venu de le faire. Allez-y ! Prenez le taureau par les cornes, et faites de vous un épargnant convaincu !

Voyons maintenant ce que vous pouvez faire pour gagner plus d'argent, non pas pour en dépenser plus, mais pour en mettre plus dans vos coffres.

À moi la fortune !

Les gens qui ont fait beaucoup d'argent disent généralement y être arrivés par deux voies. Les uns affirment qu'ils n'ont pas spécialement cherché à devenir riches, et que leur fortune n'est qu'un sous-produit de ce qu'ils ont réussi à accomplir. Les autres insistent au contraire pour dire qu'ils s'étaient fixé un montant à atteindre, et qu'ils ont ensuite fait ce qu'il fallait pour l'amasser. À vous de choisir l'approche qui vous plaît le plus; et si vous voulez avoir une chance de vous enrichir un tant soit peu, dites-vous bien que vous devez en choisir une.

La plupart des gens n'ont ni stratégie de réussite ni objectif d'enrichissement particulier. Pourtant, la plupart des gens estiment ouvertement qu'ils ne gagnent pas assez. Cherchez l'erreur!

Leur seule tactique repose en réalité sur la croyance erronée qu'on leur «doit» un salaire, et que, si on les payait mieux, ils en feraient plus. Entre-temps, ils espèrent gagner à la loterie. On ne sait jamais… Si cela vous ressemble, j'ai une bien mauvaise nouvelle à vous annoncer : il y a très peu de chances pour que ça arrive, et encore moins dans le cas de la loterie.

◉ Comment gagner plus

Le 180 en action

Vous aurez compris que le moment est venu de faire un 180 et de vous poser les bonnes questions. Les trois qui suivent feront d'ailleurs très bien l'affaire.

1. Que puis-je faire pour gagner plus d'argent – maintenant?

2. Comment puis-je ajouter de la valeur à ce que je fais?

3. Quelles sont les ressources dont je dispose?

En ce qui concerne les ressources dont vous disposez, vous serez sans doute surpris d'apprendre que vous en avez plus que vous le croyez. Voici une simple liste de contrôle pour vous mettre en appétit. Cochez tous les énoncés qui s'appliquent à vous.

- J'ai un ordinateur et je sais m'en servir. ☐
- J'ai plus de 10 amis. ☐
- Je pourrais m'appliquer davantage au travail. ☐
- J'ai un côté créatif qui ne demande qu'à être exploité. ☐
- Je regarde la télévision plus de quatre heures par semaine. ☐
- Je suis habile de mes mains. ☐
- Je dispose d'un véhicule. ☐
- J'ai l'esprit ouvert. ☐
- Je n'ai pas peur de l'effort. ☐
- Je pourrais facilement me payer un cours d'appoint. ☐

Combien de ces énoncés s'appliquent à vous ?

Très bien. Le plus gros est fait. L'idée même que vous *pouvez* faire plus d'argent doit se graver dans votre esprit bien avant de se matérialiser.

Vous avez maintenant une liste des ressources à votre disposition. Il ne reste plus qu'à faire jouer le muscle de la confiance en soi pour faire bouger les choses.

Soyez aussi précis que possible dans votre approche. Pour certains, il peut s'agir de gagner une somme suffisante pour rembourser une dette ou s'offrir un plaisir longtemps convoité, alors que pour d'autres, il ne peut s'agir que de la pleine sécurité financière. Mettez votre objectif sur papier… maintenant. Combien voulez-vous gagner de plus au cours des 12 prochains mois?

Prêt à passer à l'action? Car vous savez que, pour faire de l'argent, il faut agir, n'est-ce pas?

Vous obtenez ce à quoi vous pensez le plus. Si vous pensez constamment à vos maigres moyens, vous pourriez très bien en avoir encore moins. Concentrez-vous au contraire sur vos précieuses ressources, sur la valeur que vous pouvez ajouter à ce que vous faites et sur les nombreuses façons dont vous pouvez en faire plus, et l'argent sera invariablement attiré par vous comme par un aimant.

Survivre à ses dettes

Au cas où vous ne le sauriez pas, il peut être stressant et même épuisant de devoir beaucoup d'argent, sans parler de la menace que les dettes importantes font peser sur les relations de couple, sur le rendement au travail et sur la santé en général. Dans un monde idéal, personne n'aurait jamais trop de dettes, et les quelques dettes qu'on pourrait avoir seraient faciles à gérer. Mais nous ne vivons malheureusement pas dans un monde idéal.

C'est ainsi que beaucoup de gens se retrouvent endettés jusqu'au cou. Si c'est votre cas, j'espère sincèrement que *180* vous aidera à vous en sortir. Je ne vous offre ici que quelques pistes; vous pouvez au besoin en trouver beaucoup d'autres dans des guides spécialisés ou auprès de conseillers compétents en la matière. Mais puisque vous êtes là, faisons tourner le vent et tirons le meilleur de la situation en prenant l'eau comme métaphore.

- **L'argent est une énergie** — Apprenez à voir l'argent comme une simple énergie en mouvement – tout comme l'eau ; ce qui veut dire qu'il entre dans votre vie et en ressort de façon cyclique. Pour bien des gens, la difficulté tient au fait qu'il semble sortir plus rapidement qu'il n'entre ! Allez savoir pourquoi…

- **Construisez un barrage** — Un barrage a ici pour fonction de retenir autant d'argent que possible. Il peut bien sûr y avoir des fuites, mais votre tâche consiste à colmater toutes les brèches et à boucher tous les trous. Pour y arriver, vous devez prendre les grands moyens, vous doter d'un plan, et déterminer de façon précise ce que vous comptez faire de votre argent. Cela veut aussi dire que vous devez mettre fin au gaspillage. Pour votre information, chacun de nous fait en moyenne pour 4000 $ d'achats impulsifs par année ! De quoi y penser deux fois avant de se laisser tenter par un sac de croustilles ou une barre de chocolat en achetant son journal, non ?

- **Provoquez une mousson** — Une des difficultés liées au fait de devoir beaucoup d'argent vient de la crainte que le flot d'argent cesse, alors que ce n'est pas le cas. Soyez donc ouvert à la possibilité qu'au contraire, ce flot augmente, et soyez convaincu que vous avez le pouvoir de faire en sorte que cette possibilité se réalise. Cet état d'esprit vous sera salutaire.

- **Offrez-vous quelques victoires rapides** — Si vous aviez à remplir un verre, un seau et un tonneau, par quoi commenceriez-vous ? Vous rempliriez naturellement le verre en premier. En remboursant rapidement de petites dettes, vous créerez un effet d'entraînement qui accélérera votre réussite ultime.

- **Notez tout** — Tout au long du processus, tenez un journal des étapes que vous franchissez et des sentiments que cela vous procure. Ce journal deviendra par la suite une source d'inspiration pour vous – vous vous émerveillerez d'avoir tant accompli en relativement peu de temps.

- **Faites travailler votre argent** — Il y a de l'eau partout autour de nous, et pourtant, nous en achetons! Pourquoi? Parce que les gens qui savent l'exploiter détiennent le pouvoir. Une fois vos dettes remboursées, apprenez à faire en sorte que votre argent travaille pour vous.

Place aux placements

Beaucoup de gens perdent du temps et gaspillent de l'argent, et blâment ensuite «les autres» ou «la société» pour leurs malheurs. J'imagine que vous êtes maintenant plus heureux que jamais de ne plus faire partie du lot!

L'étape suivante consiste à faire des placements et à vous assurer qu'ils rapportent. Voici donc quelques vérités toutes simples à propos des placements qu'il vaut mieux connaître avant de se lancer.

- **1re vérité** — Ce qui fait un bon investisseur, ce n'est pas son niveau de revenu, mais bien son attitude face à l'argent.

- **2e vérité** — Pour savoir placer son argent, il faut apprendre de ceux qui en ont une longue expérience; la première chose que vous constaterez, c'est qu'ils trouvent toujours une façon de placer judicieusement ne serait-ce qu'une petite somme; l'art d'investir est d'abord et avant tout un état d'esprit.

- ⊡ **3ᵉ vérité** — Soyez conscient du risque et de votre niveau de tolérance à ce risque; voici une règle toute simple: si un placement est parfaitement sûr, vous n'aurez aucune inquiétude, mais vos gains seront minimes; si, à l'inverse, il semble trop beau pour être vrai, vous pouvez être à peu près certain que c'est le cas.

- ⊡ **4ᵉ vérité** — Rappelez-vous que l'argent est une énergie en mouvement, qui va et qui vient… et que ce sera toujours le cas.

- ⊡ **5ᵉ vérité** — Vous trouverez toujours quelqu'un dont les placements rapportent plus que les vôtres, qui a su flairer une bonne affaire avant vous, ou qui a beaucoup plus d'argent à placer que vous; eh bien, tant mieux pour lui!

- ⊡ **6ᵉ vérité** — Il y a des exceptions aux cinq premières vérités.

La majorité des gens peuvent épargner, mais pour une ou plusieurs des raisons qui suivent, relativement peu de gens font des placements:

- ⊡ ils ne savent pas comment;

- ⊡ ils ont peur de se tromper;

- ⊡ ils ne croient pas avoir assez d'argent pour en placer.

Pourquoi placer de l'argent?

Ne pourrait-on pas simplement faire des achats à crédit ou, au besoin, emprunter à la banque? Parfaitement, sauf qu'il s'agit de moyens infaillibles pour se ruiner, comme l'ont si bien démontré les récents naufrages provoqués par les prêts hypotécaires à risque, les spéculatifs papiers commerciaux et les manœuvres pour le moins douteuses, sinon carrément frauduleuses de grands pontes de la finance.

Si vous n'osez pas faire fructifier votre argent par manque de connaissances, je vous rassure tout de suite. Vous pouvez dès maintenant vous inscrire à d'excellents cours de placement, vous joindre à des clubs d'investisseurs, ou consulter des sites Internet aussi précieux que pertinents. Sans parler des douzaines de livres d'experts qui vous guident pas à pas. Bref, vous n'aurez aucun mal à trouver une formule qui vous convient. Risquez-vous de commettre des erreurs ? Bien sûr. Mais croyez-vous honnêtement que vous pouvez faire pire que certaines grandes institutions financières, pourtant censées connaître tous les rouages de l'économie ?

Il est vrai que l'univers des placements a quelque chose d'intimidant à première vue, et nombreux sont ceux et celles qui le jugent trop risqué. C'est ainsi qu'ils en viennent à développer un système de croyances qui leur interdit de bouger tant qu'ils n'auront pas plus de connaissances ou d'argent, tant que le marché ne sera pas plus favorable, et ainsi de suite.

Mais comment faire ?

Pourtant, il est tout à fait possible de faire des placements intelligents sans courir de grands risques. Voici d'ailleurs une idée qui devrait vous aider à vous débarrasser de vos craintes. Imaginez que vous avez trois barils empilés les uns sur les autres. Le baril du haut est celui auquel vous avez le plus facilement accès ; il contient ce qu'il vous faut pour couvrir vos dépenses au jour le jour. Le baril du milieu sert aux placements sûrs. Et le baril du bas est réservé aux placements plus risqués. Votre tâche consiste à remplir les barils de haut en bas.

Assurez-vous d'abord de mettre dans le baril du haut (le plus accessible) suffisamment d'argent pour couvrir trois mois de dépenses courantes. Il s'agit ni plus ni moins de votre épargne de base. Si, par exemple, vous avez un train de vie de 1000 $ par mois, vous devez faire en sorte d'avoir 3000 $ dans ce baril. Il va sans dire que, si vous n'avez actuellement aucun fonds de réserve, cette perspective peut en soi constituer un défi, d'autant moins attrayant que cet argent «dormira» dans un simple compte bancaire, un fonds de marché monétaire ou un REER destiné à réduire vos impôts.

Par contre, une fois ce premier baril rempli, tout excédent se déversera dans le second baril. Et cela comprend aussi bien l'argent que vous pouviez déjà mettre de côté avant de remplir le premier baril que les intérêts produits par ce dernier. Le contenu du deuxième baril devrait atteindre l'équivalent de six à douze mois de salaire. Il devrait en outre être placé de façon sûre, que ce soit dans l'immobilier, dans des sociétés affichant de solides résultats financiers de façon continue, ou dans d'autres instruments légitimes et fiables.

Finalement, le troisième baril commencera à se remplir grâce au trop-plein du second. Vous pourriez choisir de réinvestir cet excédent selon les modes de placement fructueux du deuxième baril, ou encore l'utiliser pour saisir des occasions plus risquées. À vous de voir. Et la cerise sur le gâteau, c'est que vous pouvez dépenser tout ce qui déborde du troisième baril !

Il se peut qu'il vous faille plusieurs années pour remplir vos trois barils, mais le plus important, c'est de commencer. Si vous ne le faites pas maintenant, vous vous en voudrez amèrement plus tard.

Investir et réinvestir

Lorsque vos placements commencent à fructifier, le secret consiste à réinvestir vos gains. Vous serez par contre tenté de les encaisser et de les dépenser. Vous vous direz sans doute que vous avez fait un bon coup et que vous méritez bien de vous gâter un peu. Sachez néanmoins que tous les investisseurs prospères ont adopté la formule qui consiste à réinvestir ses gains pour se bâtir des porte-feuilles de placement hautement productifs.

La raison en est toute simple, et tient en deux mots magiques : intérêts composés.

Savez-vous qu'en investissant 1000 $ aujourd'hui avec un taux de rendement annuel de 8 %, vous auriez 46 902 $ dans 50 ans ? Si cette période vous semble trop longue, et 8 %, un taux de rendement élevé, imaginez ce qui se passerait si, en faisant un 180, vous deveniez un investisseur averti. Imaginez, par exemple, que vous placez plutôt 5000 $ sur 30 ans avec un taux de rendement de 20 %. Vous venez tout juste de faire un million !

Plus vous commencez jeune, plus vous pouvez faire jouer le temps en votre faveur. Il se peut que vous fassiez de mauvais choix en cours de route, mais au bout du compte, votre rendement sera plus élevé.

Combien faut-il viser ?

Beaucoup de gens prétendent qu'il leur faut plus d'argent avant de pouvoir en placer. Mais combien de plus ? 100 $? 1000 $? 10 000 $? Je dis pour ma part que vous pouvez commencer à apprendre à faire profiter votre argent avec aussi peu que 100 $.

Il s'agit beaucoup plus de se mettre dans la tête qu'il faut commencer quelque part que d'attendre d'avoir « assez » d'argent pour investir. De toute façon, quand bien même vous réussiriez à en gagner « assez », vous n'oseriez pas risquer de le perdre en prenant de mauvaises décisions par manque de connaissances !

« Règle n° 1 : ne jamais perdre d'argent.
   Règle n° 2 : ne jamais oublier la 1re règle. »

WARREN BUFFETT

La sécurité financière est sans nul doute précieuse, mais il ne faut pas oublier qu'elle ne représente qu'une facette de la réussite. La réalisation de soi se mesure en effet de nombreuses autres façons.

ARGENT

6. Le 180 et le succès

Nous avons souvent tendance à camoufler nos défauts dans l'espoir que personne ne les verra. Pourquoi ne pas au contraire les mettre en évidence ? Le fait est qu'en renversant la situation, on peut mettre ses failles et ses faiblesses à profit, au point d'en faire le secret de son succès !

Comment changer des pierres en or

Qu'est-ce qui vous obsède ? Vous vous trouvez trop grand ou trop petit ? Trop gros ou trop maigre ? À moins que vous vous sentiez trop jeune ou trop vieux, que vous n'aimiez pas votre nez ou que vos dents ne soient pas assez blanches et droites à votre goût ?

Quel que soit votre bilan, dites-vous bien qu'en apprenant à tirer parti de ce qui vous semble être des handicaps, non seulement vous les accepterez mieux, mais vous aurez tôt fait de découvrir qu'ils peuvent en soi constituer des atouts inestimables.

J'ai un jour fait passer une entrevue d'emploi à un joueur de basket-ball semi-professionnel pour le moins imposant du haut de ses deux mètres. Il comprenait que sa carrière ne durerait pas dans le sport, et il voulait savoir s'il avait une chance de réussir dans la vente. En entrant dans la pièce, il avait l'air de quelqu'un qui éprouve constamment le besoin de

Ma plus grande faiblesse est un atout.

s'excuser de sa grandeur. Il n'a d'ailleurs pas tardé à avancer l'idée que sa taille pouvait constituer un problème. «En aucune façon, me suis-je empressé de lui répondre; bien au contraire. Vous pouvez avantageusement vous en servir pour briser la glace. Pourquoi ne pas dire, par exemple: "Avant d'appliquer les techniques de Michael Heppell, je mesurais à peine un mètre soixante".»?

J'avoue que ce n'est pas une des idées les plus brillantes que j'ai eues, mais le point reste qu'il passait à côté de ce qui était sans doute son plus grand atout. Il savait probablement qu'il pouvait tirer parti de sa grandeur, mais il persistait à n'y voir qu'un fardeau.

Voici donc un défi digne d'un 180: prenez ce que vous considérez être votre plus grande faiblesse, et demandez-vous comment en faire un instrument de réussite. Ça ne fonctionnera peut-être pas à tous les coups, mais vous serez à tout le moins étonné de voir à quel point vos perceptions changent à l'égard de vos «défauts».

Osez enfreindre les règles

«Défense de marcher sur la pelouse!» D'accord, mais qu'arrivera-t-il si vous le faites tout de même? Lorsqu'il voit un tel écriteau, un de mes amis encourage carrément ses enfants à marcher sur la pelouse. Serait-il irresponsable? Peut-être, mais à sa décharge, il explique qu'en leur permettant d'enfreindre certaines règles, ses enfants n'auront pas l'impression de toujours devoir faire ce qu'on leur dit comme si c'était la seule voie possible. Son but est de les amener à développer leur jugement de manière à pouvoir dire non lorsque, plus tard, ils se trouveront parmi un groupe d'amis cherchant à les convaincre que c'est cool de fumer, de se souler ou de prendre de la drogue.

Quoi qu'il en soit, en étudiant le parcours des gens qui ont réussi, on constate la plupart du temps qu'ils ont eux-mêmes enfreint quelques règles pour arriver à leurs fins. Dans ce domaine, il n'est toutefois pas forcément nécessaire de faire un 180 complet. Un simple pas de côté suffit souvent pour obtenir d'étonnants résultats.

En janvier 2005, Chad Hurley voulait envoyer à tous ses convives des vidéos que lui et d'autres avaient faites durant un souper mémorable. Il était hors de question d'utiliser le courriel vu la taille des fichiers, et la mise en place de vidéos dans un site Web posait plus d'un problème, sans compter qu'il lui faudrait faire circuler codes d'utilisateur et mots de passe. Hurley a donc décidé de rompre avec l'ordre établi et les conventions de l'heure en créant un simple lien de téléchargement qui permettrait à tous de voir les vidéos en question. Son idée folle a fait des petits et gagné de plus en plus d'adeptes, si bien qu'à peine deux ans plus tard, il a pu vendre son entreprise – YouTube – à Google pour 1,65 milliard de dollars !

Qu'est-ce que je m'empêche de faire de peur d'enfreindre les règles ?

Au diable les convenances

Le 180 en action

SUCCÈS

Je ne me rends nullement responsable de l'utilisation que vous pourriez faire de cette technique ou des résultats que vous pourriez obtenir. Mais je vous encourage malgré tout à oser prendre des risques et à faire les choses différemment. Voici donc quelques suggestions.

- Changez d'horaire. À quoi ressemblerait votre vie si vos heures de travail étaient différentes ?

- Faites une croix sur le journal télévisé (surtout les nouvelles locales) pendant un mois.

- Cessez d'embaucher sur la base des tests psychométriques. Fiez-vous plutôt à votre instinct.

- Refusez un délai imposé (en demandant qu'on vous accorde une journée de plus).

- Restez sobre alors que les autres tombent dans l'excès.

- Cuisinez sans recette.

- Souriez plus souvent.

- Marchez sur la pelouse.

Il y a des conséquences à enfreindre les règles, mais il y en a aussi à les suivre. En brisant les bonnes règles au bon moment, vous découvrirez d'incroyables tremplins vers la réussite.

Le remède à la procrastination

Je suis un champion de classe mondiale en procrastination. S'il s'agissait d'une discipline olympique, je suis sûr que je remporterais l'or, quoique je serais sans doute en retard à la cérémonie de remise des médailles! Si, comme moi, vous êtes viscéralement doué pour tout remettre à plus tard, quelques outils et techniques vous seront des plus utiles, faute de quoi vous n'arriverez jamais à rien.

Avec l'aide du 180, non seulement vous surmonterez la procrastination, mais vous réussirez mieux dans tout ce que vous entreprendrez.

Mon premier truc vous étonnera peut-être, mais il consiste ni plus ni moins à… mentir. Je ne parle pas ici de gros mensonges, mais de petits mensonges «blancs».

Je parle d'une subtile déformation de la réalité à même de vous motiver à agir – ne serait-ce que pour ne pas vous faire prendre en défaut.

Ne l'avez-vous d'ailleurs pas fait à un moment ou à un autre ? Peut-être avez-vous dit que vous aviez fait le ménage tel que promis pour ensuite vous hâter d'aller vous acquitter de votre tâche. À moins que vous ayez froidement affirmé avoir fait un important appel que vous deviez faire pour aussitôt vous empresser de le faire. Nous avons tous, un jour ou l'autre, eu recours à ce subterfuge.

Selon moi, une des raisons pour lesquelles nous laissons la procrastination prendre le dessus tient à l'importance que nous lui accordons. Et je m'explique. Il existe en fait plusieurs formes de procrastination.

- Omettre de faire quelque chose.
- Faire la mauvaise chose.
- Travailler à quelque chose de plus important.

En fait, si vous travaillez à quelque chose de plus important que ce qui « semble » être urgent, la procrastination ne devient-elle pas une bonne chose ?

Richard Hamming était un grand chercheur qui a travaillé pendant de nombreuses années pour les Laboratoires Bell. Il a fait de grandes choses qui ont changé le monde dans lequel nous vivons, et il a remporté d'innombrables prix. Or, plutôt que d'essayer de tout faire, il privilégiait une approche de type 180, et soutenait que pour vaincre la procrastination, il suffit de se poser trois questions :

1. Quels sont les problèmes les plus importants dans mon domaine ?
2. Suis-je en train de résoudre l'un d'eux ?
3. Pourquoi pas ?

Il s'agit là d'une de ces formules si bêtement simples qu'il faut la relire deux ou trois fois. Je vous invite d'ailleurs à le faire dès maintenant.

Mortelles échéances

Une autre façon de vaincre la procrastination consiste à se fixer des échéances outrageusement serrées. Dave est cinéaste – un très bon cinéaste. Mais il procrastine comme pas deux, se dit toujours débordé, prétend avoir des problèmes avec ses clients, et je ne sais quoi encore. Par contre, jamais il ne rate une échéance. Lorsqu'il s'engage à livrer la marchandise, il ajoute souvent qu'il y a 24 heures dans une journée et qu'il peut toutes les utiliser s'il le faut.

Demandez-vous quelle est la chose la plus profitable à laquelle vous pourriez travailler, et pourquoi vous ne le faites pas.

Dave réalise plusieurs de nos films promotionnels et de formation, et ma connaissance de son mode de fonctionnement me donne un avantage certain. J'ai ainsi pris l'habitude de raccourcir ses échéances de deux jours. Comme ça, s'il a vraiment un pépin en cours de route, ça nous donne toujours le temps de faire le nécessaire avant la «vraie» échéance.

Le plus drôle, c'est que Dave a parfaitement conscience de mon manège, mais ça ne l'empêche pas, dans bien des cas, de travailler toute la nuit pour respecter «son» échéance. Pourquoi? Parce qu'il aime farouchement faire plaisir.

Depuis que nous en avons parlé ensemble, il a même fait de son désir de plaire sa principale source de motivation. Si bien que lorsqu'il demande à ses clients «Pour quand en avez-vous besoin?» s'ils lui répondent «Pour le 15», il leur dit «Je vais voir si peux vous faire ça pour le 12.»

On dit que 98 % des auteurs achèvent leur manuscrit le dernier jour du délai prévu par leur contrat. Prenez des engagements fermes, et vous mènerez vos projets à bien.

De l'impasse à l'extase

Si je vous disais que vos plus gros problèmes sont en fait les clés de vos plus grandes réussites, vous trouveriez sans doute que j'y vais un peu fort. Mais permettez-moi d'insister, car je crois fermement que les problèmes sont de véritables cadeaux : plus vous en avez, plus vous en réglez, et plus ils sont gros, plus les récompenses sont grandes.

J'ai déjà travaillé pour quelqu'un qui ne se gênait pas pour répéter le bon vieux cliché « Il n'y a pas de problèmes, il n'y a que des occasions. » J'aurais parfois voulu le pendre – comment pouvait-il ne pas voir que nous avions de réels problèmes ? Puis, un beau jour, de retour d'un séminaire de gestion de deux jours, il nous a lancé : « Il n'y a pas de problèmes, il n'y a que des solutions. »

C'en était trop pour moi. Je lui ai du coup présenté une liste de problèmes tout ce qu'il y a de sérieux et lui ai demandé comment il pouvait honnêtement prétendre n'y voir que des solutions. Il m'a alors systématiquement démontré que chacun de mes « problèmes » représentait en réalité une occasion de faire preuve de créativité et d'agir autrement, et qu'il y avait bel et bien une solution à chacun d'eux. Il ne me restait plus qu'à faire amende honorable !

Au fil des ans, j'ai plus ou moins été fidèle à ce mode de pensée, jusqu'au jour où j'ai compris qu'un as de la procrastination comme moi avait besoin d'un outil simple et à toute épreuve pour bien assimiler cette vision. C'est ainsi qu'est né « De l'impasse à l'extase ».

Jusqu'où pourrais-je raccourcir mes échéances pour me stimuler à faire ce que j'ai à faire ?

SUCCÈS

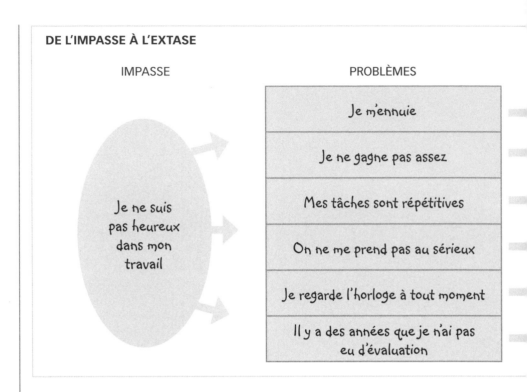

DE L'IMPASSE À L'EXTASE

IMPASSE   PROBLÈMES

Je ne suis pas heureux dans mon travail

Je m'ennuie

Je ne gagne pas assez

Mes tâches sont répétitives

On ne me prend pas au sérieux

Je regarde l'horloge à tout moment

Il y a des années que je n'ai pas eu d'évaluation

Voici comment ça fonctionne.

- ▢ **1re étape** — Facile, puisqu'il s'agit tout simplement d'identifier l'impasse. L'impasse, c'est le fardeau qui vous pèse, l'obstacle qui vous empêche d'avancer, le problème qui vous tenaille ou vous met dans le pétrin. Vous avez sans doute une bonne idée de votre impasse. Énoncez-la donc clairement dans la bulle de gauche tout de suite après ces explications.

- ▢ **2e étape** — Découpez l'impasse en problèmes précis, et dites-vous bien que plus vous la découpez, plus vous trouverez facilement des solutions aux problèmes sous-jacents. Écrivez chaque défi à relever dans la colonne «Problèmes».

SOLUTIONS	EXTASE
Donne-toi des échéances plus serrées	
Rends-toi indispensable	Être plus heureux dans mon travail et plus positif face à l'avenir
Associe une récompense à chaque tâche	
Porte-toi volontaire pour gérer un projet	
Déplace l'horloge	
Demande une évaluation constructive	

◙ **3e étape** — Pour chacun des problèmes relevés, écrivez une simple alternative dans la colonne « Solutions ». À ce stade, vous n'avez pas à connaître les détails de chaque solution à appliquer. Assurez-vous seulement d'inscrire une piste de solution à côté de chaque problème.

◙ **4e étape** — Lisez votre liste de solutions, et pensez à ce que vous ressentiriez si vous les appliquiez toutes. Décrivez ensuite l'extase qui en résulterait dans la bulle de droite.

Si vous êtes de ceux qui aiment se fixer des objectifs, vous pouvez même inscrire une date cible sous la bulle de droite afin de vous inciter à prendre rapidement les mesures nécessaires pour y arriver. « À vous de jouer ! »

IMPASSE	PROBLÈMES

L'outil «De l'impasse à l'extase» est très puissant et fonctionne d'autant mieux qu'on met tout par écrit.

Cessez d'écouter les mauvais conseils

Avez-vous remarqué qu'avec l'âge, nous avons tendance à mettre de plus en plus l'accent sur ce que nous ne pouvons pas faire plutôt que sur ce que nous pouvons faire ? J'ai une question pour vous. Êtes-vous bon en dessin ? Pour avoir posé cette question à des milliers de personnes, je sais que seulement trois lecteurs sur cent vont répondre par l'affirmative.

Maintenant, replongez-vous en pensée à l'époque de vos cinq ans. Vous êtes dans la grande salle de l'école avec tous les autres élèves, et le principal dit :

SOLUTIONS	EXTASE

« Levez la main si vous êtes bon en dessin. » Toutes les mains se lèvent alors dans un élan d'enthousiasme.

Qu'est-il donc arrivé entre vos cinq ans et aujourd'hui ? La réponse est simple : vos onze ans ! C'est en effet autour de cet âge que vous avez dû passer au Secondaire. Et un bon jour où vous étiez en classe de dessin, soigneusement appliqué à reproduire le plateau de fruits qui se trouvait devant vous, votre meilleur ami a regardé par-dessus votre épaule et vous a dit que votre dessin était nul. Et vous l'avez cru !

Je parie que vous souhaiteriez avoir eu à l'époque l'assurance que vous avez maintenant pour faire un 180 et répondre à ce trouble-fête quelque chose du genre : « Tu n'y connais rien. C'est ma version impressionniste de ce plateau de fruits. » Mais ce n'est malheureusement pas comme ça que ça s'est passé. Vous avez jeté un regard critique sur votre dessin, et conclu qu'il était effectivement mauvais.

SUCCÈS

Pourquoi devrais-je continuer de croire les gens qui me dénigrent ?

Heureusement, vous n'avez plus cinq ans. Mais savez-vous mieux vous en tirer pour autant? À vrai dire, pas vraiment. Vous continuez malgré tout de croire les gens qui vous dénigrent. Vous prenez leurs remarques à cœur et en faites une affaire personnelle.

Qui plus est, nous réagissons souvent négativement aux rétroactions négatives. Et lorsque c'est le cas, tout le monde y perd. Pourquoi ne pas plutôt faire un solide 180 et recevoir les commentaires désobligeants dans le même esprit qu'un cadeau acheté à La Baie?

Je m'explique. Disons que c'est votre anniversaire. Votre mère, votre frère ou votre oncle attend impatiemment de voir votre réaction en déballant son présent joliment emballé. Vous l'ouvrez et, oh surprise! c'est un vêtement d'une couleur que vous détestez, un objet purement inutile, un disque que vous avez déjà… bref, l'horreur! Au moment même où vous vous apprêtez à feindre un sourire de contentement, votre œil tombe sur l'étiquette de La Baie. Il devient tout à coup facile d'avoir l'air vraiment content, car vous savez maintenant que vous avez des options: vous pouvez en effet rapporter l'article au magasin, l'échanger pour un autre ou, encore mieux, obtenir un remboursement!

Pleins feux sur le « feed-back »

Le 180 en action

La prochaine fois qu'une « âme charitable » vous servira une « rétroaction »…

- Souriez et dites merci.

- Demandez-lui si elle pense vraiment ce qu'elle dit.

- Laissez passer quelques minutes.

- Demandez-vous s'il y a du vrai dans ce qu'elle vous a dit.

- Demandez-vous si le fait d'en tenir compte et d'agir en conséquence vous rendra vraiment meilleur.

Il arrive malheureusement que les gens soient maladroits dans leur rétroaction, qu'ils ne croient pas du tout ce qu'ils disent, ou qu'ils ne pensent pas un instant aux conséquences de leurs propos. La prochaine fois qu'on vous donnera une rétroaction non pertinente ou sans valeur, rappelez-vous donc que vous avez le choix de votre réaction.

Si vous n'en voulez pas, dites-vous simplement que vous pouvez « la retourner au magasin ». Vous n'avez pas littéralement à dire à quelqu'un que vous ne voulez pas de sa rétroaction, mais vous pouvez poliment y répondre par un merci pour ensuite décider de l'ignorer.

La rétroaction qu'on me donne peut-elle me rendre meilleur?

Mangez-vous tout ce que vous voyez? Non? Pourquoi donc devriez-vous croire tout ce que vous entendez?

SUCCÈS

L'abandon des gestes d'abandon

J'ai récemment coaché quelques sportifs professionnels, et en regardant un match auquel l'un d'eux participait, j'ai spontanément capté le moment exact auquel il a jeté l'éponge. Sa démarche, son expression, ses gestes… tout indiquait qu'il avait renoncé à la partie longtemps avant le dernier coup de sifflet.

Avant de vous enflammer et de ressortir pour la énième fois que les sportifs professionnels gagnent des salaires indécents alors qu'ils livrent souvent des performances décevantes, songez un instant à vos propres abandons et à leurs répercussions sur «votre match».

Le fait est que nous avons tous des comportements caractéristiques lorsque nous abandonnons carrément la partie. Baguettes en l'air, hochements de tête et éclats de voix ponctués de jurons n'en sont que quelques exemples.

Mes gestes d'abandon:

Que faites-vous lorsque vous capitulez?

- Je secoue la tête
- Je lance des objets
- Je serre les dents
- Je me croise les bras
- Je rouspète
- Je prends la porte
- Je dis «Non!»
- Je baisse les yeux
- Je lâche des jurons
- Je souffle bruyamment
- Je hurle de rage
- Je me tape le front
- Je hausse les épaules
- Je me tire les cheveux
- Je me couvre les yeux

Mes gestes de triomphe:

Et si vous faisiez un 180 pour vous demander ce que vous faites lorsque monte en vous le sentiment d'avoir réussi?

- Je serre les poings
- Je me lève d'un bond
- Je dis «Oui!»
- Je crie de joie
- Je souris
- Je fais une petite danse
- Je lève le pouce
- J'incline la tête
- Je sautille sur place
- Je me pince les lèvres
- Je lève les yeux au ciel
- Je fends l'air de mon poing

Félicitations! Vous faites maintenant partie d'un très faible pourcentage de gens conscients de leurs gestes d'abandon et de leurs gestes de triomphe.

Cela dit, qu'arriverait-il si, alors que vous êtes envahi par le sentiment du succès, vous vous mettiez à multiplier les gestes d'abandon ? Vous mettriez sans doute peu de temps à sombrer dans le négativisme et à retomber sur terre avec perte et fracas.

Si c'est bien le cas, ne serait-il pas parfaitement intelligent, lorsque vous êtes complètement dépité, de faire un 180 et de multiplier les gestes de triomphe pour sortir du marasme au plus vite ?

Je vous lance donc un défi. La prochaine fois que vous vous surprendrez à faire des gestes d'abandon, dites «180» et remplacez-les du tac au tac par des gestes de triomphe. Vous serez étonné de la vitesse à laquelle vous pouvez renverser la situation.

En jouant de la sorte avec votre physionomie, votre posture et vos gestes, vous parviendrez à modifier rapidement vos états d'âme. Du coup, vous vous sentirez mieux, si bien que vous attirerez le succès.

Faites comme le suricate : relevez la tête !

Comment ne pas tomber sous le charme de cette adorable petite bête qu'est le suricate ? On ne se lasse pas de le regarder, dressé sur ses pattes de derrière et la tête bien haute à l'affût de nourriture à se mettre sous la dent ou de prédateurs à éviter. Le suricate doit d'ailleurs sa survie au fait qu'il est constamment en éveil et prêt à passer à l'action.

La plupart des gens traversent la vie tête baissée et se plaignent après coup d'avoir raté des occasions. Si vous adoptez au contraire l'approche «tête haute» du suricate, vous détecterez à coup sûr de nombreuses occasions de succès.

La beauté de la chose, c'est que lorsqu'on est ainsi aux aguets, l'esprit bien ouvert, chaque occasion tend à en créer d'autres. Il devient alors de plus en plus facile d'aller de l'avant. Les occasions en or ne manquent pas, mais il nous faut parfois faire un 180 et regarder par l'autre bout de la lorgnette pour bien saisir ce qu'elles recèlent.

Peut-être vous a-t-on enseigné que les gens qui réussissent n'ont qu'une idée en tête ? Je ne suis pas de cet avis. La majorité des personnes que je connais qui réussissent sont ouvertes à mille et une idées et façons de penser. Que ce soit consciemment ou non, elles utilisent la technique dite du «recadrage», qui consiste tout simplement à regarder les choses de différents points de vue. Cette technique donne lieu à de nombreuses applications en soi, mais lorsqu'on la jumelle à l'approche «tête haute», elle devient porteuse de puissants résultats.

La magie du recadrage

En apprenant à regarder les choses sous plusieurs angles, vous découvrirez tout à coup des solutions invisibles à un regard unidimensionnel.

Que faire, par exemple, lorsque vous n'avez qu'une chance de promouvoir votre entreprise auprès de votre client le plus influent ? Il va sans dire qu'il ne s'attend à rien de moins qu'un service cinq étoiles, naturellement assorti d'une longue liste d'«à-côtés». Confronté à ce défi, l'hôtel Milestone de Kensington, à Londres, a décidé de faire un 180. En étudiant de près les attentes des clients d'Amex, la direction a vite compris que la concurrence était très féroce dans le créneau du cinq étoiles. Elle a donc entrepris de recadrer sa rencontre avec les représentants du géant mondial en leur posant la question suivante : «Si vous pouviez offrir à vos clients une commodité que l'argent ne peut acheter, quelle serait-elle ?» Et leur réponse fut «du temps».

C'est alors que le Milestone a décidé d'offrir un forfait unique aux clients d'Amex : « Le séjour de 24 heures ». Autrement dit, peu importe l'heure à laquelle vous arrivez, la chambre est à vous pour 24 heures. Imaginez un instant avoir la possibilité de vous présenter à 18 h et de ne repartir qu'à 18 h le lendemain ! Fini la bousculade pour quitter la chambre avant midi… Fini l'entreposage de vos bagages jusqu'à votre départ… Le rêve !

Quel défi pourriez-vous relever en renversant la vapeur, en recadrant les enjeux et en abordant la solution tête haute pour obtenir des résultats fantastiques ?

Quel est mon défi ?

Bouchées d'éléphant sauté au cari

— Question : Comment mange-t-on un éléphant ?
— Réponse : Une bouchée à la fois !

La blague a fait son temps et elle n'est pas particulièrement drôle, mais on ne la ressort pas moins pour illustrer la façon de surmonter une tâche colossale. Essayons maintenant de la mettre au goût du jour et de lui ajouter un zeste de 180.

SUCCÈS

— Question : Comment mange-t-on un éléphant ?
— Réponse : Sauté, nappé d'une sauce au cari doux, garni de jeunes légumes frais et arrosé d'un verre de sauvignon blanc bien frappé, sans bien sûr oublier d'inviter quelques amis – il y a fort à parier qu'ils n'ont jamais mangé d'éléphant sauté au cari.

Rappelez-vous que le 180 vise à tirer le meilleur parti possible de n'importe quelle situation. En conséquence, si la tâche à accomplir consiste à manger un éléphant, pourquoi bêtement vous contenter de le faire une bouchée à la fois alors que vous pouvez en profiter pour faire un festin gargantuesque entre amis ?

Cela dit, l'approche «par bouchées» conserve ses avantages, notamment dans le cas d'obligations aussi passionnantes que… les tâches ménagères !

- ⊡ **1re étape : Faites une liste** — Avez-vous remarqué que les grandes corvées deviennent moins intimidantes lorsqu'on les découpe en tâches distinctes ? En prime, chaque fois que vous terminez une tâche de la liste, vous avez le plaisir de la cocher ou de la rayer.

- ⊡ **2e étape : Sachez vous récompenser** — Nous avons généralement tendance à nous dire : «Je vais d'abord prendre un bon café. Ensuite, je m'y mettrai.» Stop ! Promettez-vous le café après l'aspirateur.

- ⊡ **3e étape : Montez le volume** — Il est toujours plus facile de faire le ménage en écoutant de la bonne musique. Chargez votre iPod d'une sélection joyeuse et entraînante.

- ⊡ **4e étape : Embaumez les lieux** — Lorsque vous terminez une pièce, baignez-la d'un agréable parfum. La table sent plus propre avec un poli à meubles, et les toilettes sont plus accueillantes avec un désinfectant.

- ⊡ **5e étape : Fixez-vous une heure cible** — Si vous croyez pouvoir tout faire en trois heures, commencez le compte à rebours et essayez de battre le chronomètre. Vous pouvez même vous réserver un prix pour chaque tranche de 10 minutes que vous retranchez au délai fixé.

Le fait demeure que toute tâche peut être rendue plus gérable et agréable en la découpant en bouchées alléchantes.

Savoir développer son intuition

Qu'est-ce qui se passe lorsque vous prenez une décision en tirant à pile ou face ? Des centaines de pensées vous traversent l'esprit entre le moment où la pièce quitte votre main et celui où elle rend son verdict. Et parmi toutes ces pensées se cache celle qui correspond au résultat que vous espérez vraiment.

Lorsque je travaille avec quelqu'un qui n'arrive pas à se brancher entre A et B, je lui dis : «Très bien. Tirons à pile ou face.» Nous convenons alors d'y aller pour A si c'est pile, et pour B si c'est face. Je lance la pièce en m'assurant qu'elle virevolte vigoureusement, et en l'attrapant, je la recouvre aussitôt de ma main avant de demander : «De quel côté vouliez-vous qu'elle tombe ?» Et dans 90 % des cas, j'obtiens une réponse ! Je remets alors la pièce dans ma poche sans même donner à l'autre l'occasion de voir de quel côté elle était tombée.

Pour peu que vous appreniez à développer cette intuition profonde, vous n'aurez plus besoin de tirer votre sort à pile ou face.

Quand je le sais, je le sais.

Pourquoi miser sur la chance lorsque vous pouvez compter sur votre intuition ?

L'intuition est un atout maître qui demande à être développé par la pratique. Je suis sûr que vous vous êtes déjà trouvé dans une de ces situations où, après un événement imprévisible, vous saviez exactement ce qui allait se passer. La question est de savoir comment vous le saviez.

L'expérience, le subconscient et un certain don y sont tous pour quelque chose. La difficulté tient au fait que nous ne prenons souvent conscience qu'après coup du message que nous envoyait notre intuition. Voyez l'intuition comme un partenaire en tout temps présent à vos côtés, si ce n'est qu'il ne parle pas toujours le même langage que vous. Pour tout dire, il lui arrive même de ne rien dire du tout, préférant mimer son message ou dessiner des indices. Or, si vous choisissez d'ignorer ses messages et ses indices, jamais vous n'arriverez à parfaire l'art de les décoder.

Le fidèle traducteur

Imaginez maintenant qu'un petit traducteur se tient à votre service sur votre épaule et vous chuchote au besoin des réponses à l'oreille. Puisqu'il vous donne toujours de bons conseils, vous avez naturellement confiance en lui. Appelons-le donc votre fidèle traducteur.

En fait, plus vous écoutez votre fidèle traducteur, mieux vous en venez à comprendre votre intuition et ce qu'elle tente de vous communiquer.

Voici trois façons de donner vie à votre fidèle traducteur imaginaire.

1. **Écoutez vos pressentiments** — Dans le cadre d'un programme de formation en leadership auprès des agents d'un service de police, nous en sommes venus à parler de la sécurité personnelle. J'ai alors demandé à un officier d'expérience quelle était la meilleure façon d'assurer sa propre sécurité, et sa réponse m'a interpellé. Il a simplement dit : «Vous avez sans doute parfois l'impression, en marchant dans la rue, que vous ne devriez pas vous trouver là où vous êtes. Eh bien, écoutez la petite voix qui vous parle, car elle a parfaitement raison – vous ne devriez pas être là.» C'est votre intuition qui vous parle. Vous ne voyez rien d'anormal, vous n'avez aucune raison de croire que vous courez un danger, mais le simple fait d'écouter votre pressentiment pourrait très bien vous sauver la vie.

2. **Prenez vos intuitions au sérieux** — En qui pouvez-vous avoir confiance ? Dites-vous bien que votre fidèle traducteur a tout intérêt à être du nombre. Vous pourriez même en avoir plusieurs de manière à explorer différentes avenues ; assurez-vous seulement d'avoir pleinement confiance en chacun

d'eux. La prochaine fois que vous aurez besoin de faire appel à votre intuition, fermez simplement les yeux, visualisez votre ou vos fidèles traducteurs, et écoutez ce qu'il ou ils vous disent.

3. **Posez des questions** — Votre intuition a parfois besoin d'un coup de pouce. En transformant une impression ou un état d'âme en question, vous serez étonné du nombre de fois où la bonne réponse surgira spontanément. En voici quelques exemples.

- Pourquoi est-ce que je me sens comme ça ?

- Quelle devrait être ma prochaine action ?

- Comment devrais-je m'y prendre pour tirer le meilleur parti de la situation ?

- Quelle est la meilleure solution dans l'intérêt de tous ?

À titre indicatif, cette technique semble fonctionner encore mieux lorsqu'on écrit la question.

Plus vous développerez votre intuition, plus vous aurez de la facilité à prendre des décisions. Vous aurez de plus en plus confiance dans votre jugement, et vous relèverez plus volontiers les défis qui se présenteront à vous.

Ce chapitre sur le succès par le 180 est peut-être le plus exigeant, mais c'est aussi le plus gratifiant. Il favorise plus particulièrement les braves qui sont prêts à transformer leurs idées en actions. Voyons maintenant comment en étendre la portée.

SUCCÈS

Plus je développe mon intuition, plus je réussis et plus ma vie devient facile.

7. Le 180 et la créativité

Une des choses les plus encourageantes à propos de la créativité est que ça s'apprend! Mais ce n'est pas tout. Les gens créatifs gagnent plus d'argent, font plus de choses et réussissent généralement mieux sur tous les plans. Vous devriez donc vous sentir particulièrement motivé à lire ce chapitre.

Au cas où ça ne vous aurait pas encore frappé, l'approche 180 repose entièrement sur la créativité et sur l'art de penser autrement. L'essence même de ce livre tient à la faculté de changer son fusil d'épaule, de repousser ses limites et de faire les choses différemment. J'adore mettre la sagesse «conventionnelle» à l'épreuve.

Jusqu'à quel point êtes-vous créatif? Voici un petit test pour le savoir. Il suffit de cocher les énoncés qui s'appliquent à vous.

1. J'adore mettre de la couleur. ☐

2. J'aime bien savoir où chaque chose se trouve. ☐

3. J'ai souvent l'impression qu'il y a plus d'une réponse exacte. ☐

4. J'aime les échéances. ☐

5. J'apprends de mes erreurs. ☐

6. J'ai tendance à «suivre le courant». ☐

7. J'aime bien prendre des risques. ☐

8. Je n'aime pas me tromper. ☐

9. J'ai plein d'idées à partager dans les remue-méninges. ☐

10. Je suis du genre à bien faire les choses et à les faire jusqu'au bout. ☐

11. Je vois des solutions là où les autres voient des problèmes. ☐

12. J'aime que tout soit bien organisé. ☐

Si vous avez coché tous les numéros impairs, vous êtes très créatif, et il n'est probablement pas de tout repos de vivre ou travailler avec vous.

Si vous avez coché tous les numéros pairs, la créativité vous est complètement étrangère, et je parie que votre couleur favorite est le gris !

Blague à part, vous avez sans doute plutôt une majorité de coches dans une catégorie ou dans l'autre. Et comme mon but n'est pas de vous rendre moins analytique, mais bien plus créatif, nous allons simplement nous concentrer sur le développement de votre côté créatif.

Cassez la routine

Un des moyens les plus faciles pour commencer à devenir plus créatif consiste à briser une routine. Lorsque nous nous accrochons aux habitudes, nous devenons aveugles aux pensées nouvelles et aux occasions d'innover.

Qu'est-ce que j'ai à perdre en changeant de routine ?

Allons-y donc pour un 180 et un chamboulement de vos routines les plus ancrées. Je ne peux pas garantir que vous allez instantanément devenir plus créatif en renversant vos habitudes, mais je peux vous assurer qu'il va se passer quelque chose.

Ivan vivait dans la même maison depuis 22 ans. Il travaillait au même endroit depuis 15 ans, et se tapait 45 minutes de voyagement matin et soir. Du moins jusqu'à ce qu'il soit forcé de briser sa routine. La construction d'un pipeline exigeait en effet la fermeture d'une partie de son trajet pendant cinq jours, ce qui l'obligeait à faire un détour.

Le premier jour, comme la plupart de ses semblables, Ivan s'est énervé, s'est plaint du temps de voyagement supplémentaire que lui occasionnait ce détour, et s'en est pris aux responsables des travaux pour ne pas avoir trouvé une meilleure solution. Le deuxième jour, il s'est passé quelque chose de différent. Alors que la circulation matinale était au ralenti et qu'il regardait nonchalamment par la fenêtre, il a vu une vieille grange sur laquelle il y avait un panneau «À vendre». Son premier réflexe a été de se demander qui pourrait bien vouloir acheter une vieille grange comme celle-là. Puis, en retournant chez lui après son travail, il s'est surpris à examiner la grange de plus près.

Le troisième jour, il s'est carrément arrêté et a fait le tour des lieux. Il a noté le numéro de l'agent d'immeuble et lui a ensuite téléphoné pour avoir plus de détails.

Le quatrième jour, un plan commençait à prendre forme dans sa tête, mais le cinquième jour lui réservait une autre surprise. La route qu'il avait l'habitude d'emprunter avait été rouverte un jour plus tôt que prévu. Si bien qu'une autre joyeuse occasion de passer devant la grange s'est vu gâchée par des ouvriers un peu trop efficaces.

Ivan a par contre profité de son week-end pour retourner voir la vieille grange, et il a finalement fait une offre dès le lundi matin. Au cours des deux années qui ont suivi, il a consacré tous ses temps libres à son nouveau projet de reconversion, et le résultat s'est avéré spectaculaire. L'utilisation de l'espace, la profusion de lumière naturelle, la qualité des matériaux et les nombreuses innovations faisaient l'admiration de tous les visiteurs.

Lorsque Ivan a emménagé dans son nouveau chez-lui, il en a aussi fait son bureau. C'est que, voyez-vous, Ivan était architecte. Mais ça faisait 15 ans qu'il dessinait des plans d'installations de guichets automatiques à l'extérieur des banques. Son imagination et sa créativité avaient donc fini par s'endormir. Il n'avait en fait besoin que d'un coup de pouce pour les réveiller… Et pour y prendre goût ! Il puise maintenant son inspiration dans les endroits les plus inattendus, et se surprend même parfois à faire un crochet ou à prendre un autre chemin pour voir ce qu'il pourrait encore découvrir.

Quelle routine pourriez-vous casser pour trouver l'inspiration ? Voici quelques idées de 180 pour vous mettre sur la bonne voie.

Surprenez-vous !

Le 180 en action

- Sortez faire la fête… un lundi soir.
- Allez passer vos vacances dans le Grand Nord.
- Tournez à droite pour voir où ça vous mènera.
- Rendez-vous au travail à 7 h plutôt qu'à 9 h.
- Changez de bureau avec un collègue.
- Prenez un repas à l'envers, en commençant par le dessert.
- Si vous avez l'habitude de toujours lire le même journal, achetez-en un autre.
- Prenez le train ou le métro plutôt que la voiture.

- Allez voir un film alternatif.

- Mettez-vous chic ou très décontracté, au contraire de votre habitude.

- Changez de police, de taille et de couleur de caractères dans vos courriels.

Lorsque vous cassez une routine, profitez-en pour élever votre niveau de conscience. Un bon truc pour y arriver consiste à «se parler à soi-même», autrement dit, à devenir plus attentif à son dialogue intérieur. Par exemple, lorsqu'il vous arrive quelque chose d'inattendu, au lieu de rouspéter, dites-vous : «Intéressant… Comment pourrais-je utiliser ça à mon avantage, ou adapter ça à mes besoins?»

Cette technique d'auto-analyse diffère passablement de notre mode de pensée habituel. Les idées qui nous passent par la tête ont en effet tendance à aller et venir de façon plus ou moins désorganisée, de sorte que nous n'en tirons pas toujours le meilleur parti.

On voit souvent les enfants utiliser cette technique lorsqu'ils sont aux prises avec un nouveau concept, une explication à comprendre ou un problème à résoudre. Ça se voit tout de suite sur leur visage. On peut même les entendre se murmurer des questions sur ce qui leur arrive !

M'offrir le luxe de rêver tout éveillé à de nouvelles possibilités.

CRÉATIVITÉ

Pensez comme un enfant

Que diriez-vous de faire un virage en épingle et de penser davantage comme un enfant?

Les enfants ne pensent pas comme les adultes. Ils apprennent plus vite, ils se permettent de tester plus d'idées, et ils ont plus de plaisir. Pas si mal comme façon de penser, non? On encourage les enfants dès leur plus jeune âge à explorer, à prendre des risques et à tout essayer avec enthousiasme. Mais en vieillissant, ils perdent peu à peu ces facultés sous l'effet du système scolaire et de l'influence de leurs camarades. À tel point qu'à la fin de leurs études secondaires, nombre d'adolescents n'ont vraiment plus beaucoup de créativité en eux par rapport à l'ouverture d'esprit magique qu'ils avaient en entrant à l'école.

Voici donc le défi que je vous propose: la prochaine fois que vous aurez un problème à résoudre, abordez-le comme si vous étiez un enfant. Si vous avez tout oublié de la façon dont les enfants apprennent, inspirez-vous des approches qui suivent.

- **Mettez la main à la pâte** — Les enfants sont touche-à-tout, alors que les adultes tentent de résoudre 90 % de leurs problèmes par une recherche dans Google. Reprenez contact avec la réalité.

- **Faites-en un jeu** — On apprend plus en jouant, beaucoup plus. Comment pourriez-vous transformer votre problème en jeu?

- **Mettez-y de la couleur** — Songez un peu aux couleurs stimulantes d'une garderie. Sûrement rien à voir avec votre bureau! Pourtant, la couleur rehausse le niveau d'activité des récepteurs de votre cerveau.

- **Dessinez-le** — Armez-vous de grandes feuilles de papier et d'un tas de crayons de couleur, et commencez à dessiner. Apprenez à penser en images.

- **Arrêtez quand vous en avez assez** — Les enfants savent quand s'arrêter. Ça se passe au moment précis où leur intérêt commence à baisser. Ils passent alors à autre chose et reviennent seulement plus tard à leur problème, avec une énergie renouvelée.

- ☐ **Posez des questions farfelues** — Les adultes ont peur d'avoir l'air ridicules s'ils posent des questions folles, alors que les enfants y prennent le plus grand plaisir. Quelles questions farfelues pourriez-vous poser, à qui et à quelle fréquence ?

J'ai tout à gagner à penser plus souvent comme un enfant.

La beauté de la chose, c'est qu'en tant qu'adulte, vous pouvez basculer à volonté d'un mode de pensée à l'autre, selon les besoins. D'un point de vue pratique, la prochaine fois que vous aurez un problème à régler, essayez de penser comme un enfant pendant 10 minutes, trouvez la solution, et passez les 50 minutes suivantes à en analyser les coûts, à en planifier l'exécution et à y affecter les ressources voulues. Vous pouvez très bien le faire. Un enfant, non !

Seuls les enfants peuvent se permettre de toujours penser comme des enfants.

Comment la Nature réagirait-elle ?

Face à une foule de problèmes, une excellente façon d'aborder la situation consiste à se demander comment la Nature réagirait en pareil cas.

Prenons l'exemple d'une relation qui tourne au vinaigre. En vous inspirant de la Nature, pourriez-vous envisager de la transformer ou de la faire évoluer plutôt que d'y mettre fin ? Dans le cas d'un produit, demandez-vous si vous pouvez le fabriquer à l'épreuve des « prédateurs ». Et si une source d'approvisionnement vient à s'épuiser, où pensez-vous trouver une autre corne d'abondance ?

La Nature est la force la plus ingénieuse et la plus adaptable que nous connaissions. En vous demandant comment elle réagirait face à telle ou telle situation, vous découvrirez une véritable mine de pensée créatrice.

Plus de 180 créatifs

Si vous n'êtes pas particulièrement fervent de la Nature et des solutions qu'elle peut vous inspirer, n'hésitez pas à regarder ailleurs. Voici trois de mes techniques favorites pour stimuler la créativité.

1. **Donnez-lui un autre nom** – Vous avez l'impression de toujours entendre la même rengaine ? En changeant le nom d'une chose, vous changerez ce qu'elle vous inspire. Si vous pensez «tasse», une image précise vous vient à l'esprit. Mais que se passe-t-il si vous pensez plutôt «contenant», «coupe» ou «calice» ?

2. **Changez l'ordre des choses** – Qui dit que les choses doivent être comme elles sont ? En suivant toujours le même ordre, nous obtenons généralement le même résultat. Nouvelle façon de penser = Nouveau résultat. En changeant l'ordre des choses, des chiffres ou des opérations, vous êtes assuré d'obtenir de nouveaux résultats. Pourquoi ne pas commencer par la fin et remonter jusqu'au début ?

3. **Allez-y pour une métaphore** – C'est comme… Savoir convaincre les gens demande beaucoup de talent. Vous voulez un truc ? Plutôt que de vous lancer dans des détails complexes, partez d'exemples familiers. Aidez-vous d'images concrètes qui donnent vie à votre discours et suggèrent d'autres associations d'idées.

Dans le but d'expliquer comment son entreprise allait changer au cours des mois à venir, Stéphane s'est présenté à l'assemblée annuelle avec un puzzle. Il est monté sur scène avec son sac de pièces – sans présentation PowerPoint – et s'est mis à expliquer que les trois prochains mois ressembleraient à la résolution d'un casse-tête.

Il faudrait d'abord trouver les quatre coins, qu'il a comparés aux valeurs de l'entreprise. Il a ensuite souligné l'importance de compléter le tour,

Nouvelle façon de penser
=
Nouveau résultat !

qu'il a associé aux cadres de direction de l'entreprise. Pour ce qui est de l'assemblage des autres pièces, il a suggéré de remplacer le cloisonnement habituel des tâches par un travail d'équipe, conscient du fait que tout le monde est différent, mais que chacun a sa place dans l'organisation. Finalement, il a parlé de la vision que tous devaient chercher à réaliser, tout en brandissant le couvercle de la boîte du puzzle.

Sa façon originale de présenter les choses était à la fois créative et mémorable. Mais ce qui est encore plus merveilleux, c'est que tout au long de la journée, les autres conférenciers ont spontanément fait référence au puzzle, ce qui a eu pour effet d'ancrer l'image de Stéphane dans la tête et dans le cœur de tous les participants.

Ça, c'est ce qu'on peut appeler une méga-métaphore !

Ne vous sentez-vous pas plus créatif, maintenant ? Hmm. Je vois. Vous en voulez plus. D'accord. Passons aux 180 de niveau « avancé » ! Je vous préviens toutefois qu'ils ne sont pas pour les poules mouillées. Certaines des idées qui suivent – sinon toutes – peuvent carrément avoir l'effet d'une tornade. Êtes-vous prêt ?

Vers la créativité extrême

Pensez « big » !

Un de mes amis joue dans un groupe, et il me raconte un jour qu'ils ont loué une salle de 100 personnes pour y donner un concert, mais qu'ils ont du mal à vendre les billets. « De toute façon, dit-il, ça n'a rien d'étonnant ; nous n'arrivons jamais à vendre plus de la moitié des billets. » Je lui demande alors pourquoi ils ne louent pas carrément une salle de 1000 personnes, et lui de me répondre : « Ce serait de la pure folie ! Nous ne vendrions encore que la moitié des billets. »

Embarrassé pour lui, je lui ai plus tard suggéré de faire un 180 et de songer sérieusement à la promotion d'un événement destiné à attirer 1000 personnes. Quelles mesures prendrait-il pour s'assurer de vendre tous les billets? Mine de rien, cinq idées lui sont venues à l'esprit en autant de minutes.

Lorsque je l'ai croisé quelques semaines après son concert, il m'a fièrement annoncé qu'ils avaient fait salle comble et qu'ils auraient en fait dû louer une salle de 1000 personnes!

Jonglez avec les mots

J'adore utiliser cette technique pour générer des idées et pour vraiment stimuler la créativité. Le principe en est très simple. Les mots apparaissent généralement dans un ordre auquel nous nous attendons; c'est ainsi qu'ils prennent leur sens. Lorsque vous commencez à les mêler, il se passe des choses pour le moins intéressantes.

Prenez un mot au hasard – n'importe lequel. Écrivez-le au milieu d'une feuille de papier où à la suite de cet exemple. Aux fins de l'exercice, je choisis un mot que je viens d'entendre à la radio: «capitale».

Mon mot:

CAPITALE

Pensez maintenant à quatre mots qui peuvent se rapporter à «capitale», et écrivez-les en direction des quatre coins de la feuille. Ne vous en faites pas si les rapprochements sont faibles – ça produit souvent de meilleurs résultats. Voici ce que ça donne pour moi :

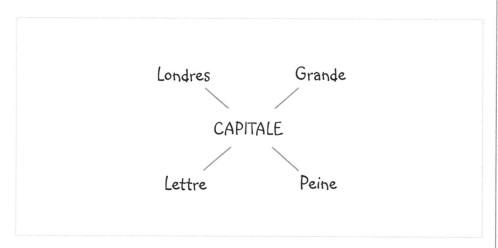

Faites maintenant la même chose avec chacun des quatre mots que vous avez trouvés. Vous obtiendrez une grille comme celle-ci.

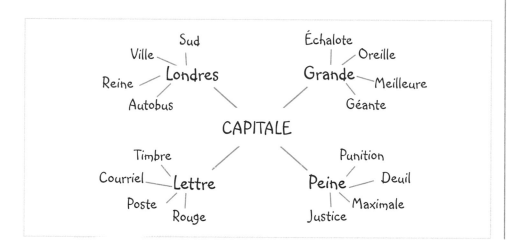

CRÉATIVITÉ

Choisissez maintenant deux mots au hasard dans la grille et reliez-les. Il se passe alors probablement l'une de trois choses :

1. les deux mots n'ont aucun sens ensemble et ne stimulent rien de créatif ;

2. les deux mots peuvent avoir un certain lien, mais à part quelques idées tirées par les cheveux, il ne vous vient rien de particulièrement brillant à l'esprit ;

3. les deux mots collent ensemble, et stimulent du coup votre créativité ; vous avez aussitôt une idée de génie, vous sauvez le monde et vous remportez le prix Nobel de la paix !

Mais il peut aussi se passer une combinaison de ces trois choses.

Allons-y donc avec mes mots. Je vais simplement écrire ce qui me passe par la tête en faisant quelques associations d'idées.

C'est à force d'essais que je trouverai la clé de ma créativité.

- *Poste* et *Échalote* : Y a-t-il une clientèle pour la livraison de légumes par la poste ? Ou plutôt de semences ? Est-ce que ça pourrait être utile pour des légumes rares ? Et si on mettait un chef connu dans le coup, en s'assurant que les gens reçoivent leurs légumes la veille de l'émission de télé au cours de laquelle la vedette leur montrera comment les cuisiner ?

- *Géante* et *Autobus* : Comment pourrait-on faire des autobus encore plus logeables ? Et pourquoi pas carrément d'immenses autobus volants ? En fait, je pense que quelqu'un a déjà eu l'idée avant moi !

- *Punition* et *Sud* : Rien ne me vient à l'esprit.

- *Meilleure* et *Lettre* : Y aurait-il une meilleure façon d'envoyer une lettre ? Est-ce que je devrais envoyer une lettre à mes meilleures amies, ou à mes meilleurs clients ? Qu'y avait-il dans la meilleure lettre que j'ai jamais reçue ou envoyée ?

- *Maximale* et *Courriel* et *Lettre* : La majorité des communications écrites se font aujourd'hui par courriel. Est-ce que cette façon de faire nous assure vraiment d'un résultat maximal, ou ne vaudrait-il pas mieux envoyer une lettre personnelle pour mieux faire passer son message ?

- *Reine* et *Oreille* : Et si la reine avait entendu quelque chose que nous ne savons pas ? Pourrions-nous le lui demander ? Est-ce qu'il pourrait s'agir d'une idée de livre ? Par exemple : *100 questions à poser à la reine.*

En moins de cinq minutes, je suis passé d'un mot entendu à la radio à une folle idée de livre, à un questionnement sur mon usage du courriel et à un éventuel projet de service de livraison inusité.

Ce que j'aime le plus de cette technique pour stimuler la créativité, c'est qu'elle peut s'utiliser seul ou en groupe. Vous pouvez aussi agrandir la grille. Peu importe par où vous commencez, vous en tirerez toujours un ou deux sourires et une ou deux idées. Et ça ne coûte absolument rien !

MA GRILLE :

CRÉATIVITÉ

Le 180 au service de la créativité représente le summum de l'approche décrite dans ce livre. Ce qui m'ennuie avec la plupart des méthodes destinées à accroître la créativité, c'est le manque de défis à utiliser ce qu'on a déjà appris. Pour tirer pleinement parti du 180 en matière de créativité, il faut en utiliser les outils et les techniques dans la vie de tous les jours.

Oui, vous allez vous tromper. Oui, vous allez vous sentir frustré. Et oui, vous allez vous retrouver en train d'essayer d'expliquer vos brillantes idées à des gens qui n'y comprennent rien. Mais il y a aussi des fois où vous allez tomber pile, où vous allez vous sentir libéré et où les gens reconnaîtront votre génie.

Osez le 180 à la maison, dans vos loisirs, dans vos relations, au travail… Vous ne tarderez pas à en voir les résultats.

Parlant de travail, vous allez sans doute y passer un tiers de votre vie. En mettant le sommeil de côté, ça vous laisse la moitié des heures durant lesquelles vous êtes éveillé. Aimez-vous ce que vous faites ? Sautez-vous du lit le lundi matin en criant « Youppi ! Je retourne au boulot ! » Si ce n'est pas le cas, vous allez avoir besoin d'une autre sorte de 180.

8. Le 180 au travail et en affaires

Ce chapitre fait vraiment le tour de la question professionnelle — de la recherche de l'emploi rêvé et de la satisfaction au travail à l'obtention d'une promotion et même aux suites de la perte d'un emploi. Sans oublier la vente au détail, la spécialisation, le service à la clientèle et l'art de renverser les mauvais coups du sort. Tout y est !

Cela dit, même si vous n'êtes ni sur le marché du travail ni dans le commerce ou l'industrie, vous trouverez ici une foule d'outils et de techniques transférables à d'autres aspects de votre existence.

POURQUOI TRAVAILLEZ-VOUS ?

Cochez tous les énoncés qui s'appliquent à vous. Je travaille…

1. Pour l'argent ☐

2. Pour rencontrer des gens ☐

3. Parce que c'est ce qu'on attend de moi ☐

4. Pour faire une différence ☐

5. Parce qu'il le faut ☐

6. Parce que j'adore ce que je fais ☐

7. Pour ne plus avoir à le faire un jour ☐

8. Pour apprendre de nouvelles choses ☐

9. Jour et nuit pour payer mes factures, et c'est bien triste ! ☐

Si vous avez surtout coché des numéros impairs, vous considérez probablement le travail comme un moyen pour arriver à vos fins. Vous vous en passeriez, mais vous y voyez un mal nécessaire.

Si vous avez surtout coché des numéros pairs, vous aimez sans doute tellement votre travail que vous le feriez même si vous n'étiez pas payé pour le faire.

Objectif : aimer MON travail ET bien gagner MA vie.

La première partie de ce chapitre porte sur l'utilisation du 180 pour apprendre à aimer son travail et pour être bien payé à le faire.

Faire ce qu'on aime et être payé pour le faire

Il faut ici reprendre les choses à la base. Sur la liste des raisons pour lesquelles vous travaillez, avez-vous coché le numéro 4 (« pour faire une différence ») ? Quant à moi, il n'y a pas de meilleure raison pour sortir du lit et se mettre en train.

Je travaille régulièrement avec des enseignants de tout niveau. Lorsqu'ils se présentent à mes ateliers, beaucoup d'entre eux affichent un certain cynisme, sans parler de ceux dont le moral est carrément à plat. Ma tâche consiste à les motiver et à faire en sorte qu'ils aiment leur travail.

Les enseignants exercent à mon avis un des métiers les plus importants du monde, et c'est dans cet esprit que je leur demande de réfléchir à ce qu'ils font vraiment. Lorsque je leur dis qu'ils contribuent directement à améliorer la qualité de vie de personnes particulièrement vulnérables de notre société, certains peuvent se montrer sarcastiques, mais la plupart retrouvent visiblement le souvenir de la raison même pour laquelle ils ont au départ choisi la voie de l'éducation – pour faire une différence. C'est là tout le défi. Et il est parfois si évident que nous passons à côté.

Voici donc comment faire faire un 180 à vos pensées encrassées.

Faire une différence.

«Qu'est-ce que je fais, au juste ?»

Le 180 en action

Pour mieux cerner ce que vous faites vraiment, prenez un moment pour répondre à ces trois questions :

1. Qui bénéficie de mon travail ?

2. Quel sentiment cela leur procure-t-il ?

3. Quel sentiment cela me procure-t-il ?

Un jour où je soumettais ces trois questions toutes simples à un groupe, une participante désabusée du nom de Claire me dit : «Ça ne s'applique pas à moi. Je travaille dans une boutique. »

En creusant un peu, j'ai fini par apprendre qu'elle travaillait dans un magasin de vêtements, et je lui ai aussitôt fait savoir que c'était formidable. Il lui a fallu un certain temps pour s'en convaincre, mais elle y est arrivée. Voici le résumé de notre échange :

— Vous travaillez dans une boutique de vêtements ? Mais, c'est formidable ! Que faites-vous exactement ?
— Je suis vendeuse.

— Très bien. Et quelle est la question que les gens vous posent le plus souvent en entrant dans la boutique ?

— Ça concerne généralement la taille ou le prix.

— Que faites-vous, ensuite ?

— Je leur dis le prix de l'article qui les intéresse, et j'essaie de trouver leur taille.

— Vous arrive-t-il parfois d'avoir à les conseiller ?

— Eh bien, si nous n'avons pas leur taille où qu'ils trouvent le prix trop élevé, je leur montre autre chose.

— Est-ce qu'ils apprécient ?

— Bien sûr. De toute façon, la plupart du temps, ils ne savent pas vraiment ce qu'ils veulent.

— Et vous les aidez à faire un choix ?

— C'est du moins ce que j'essaie de faire.

— Quel sentiment cela procure-t-il à vos clients lorsque vous les conseillez judicieusement ?

— Ils adorent franchement ça.

— Et quel sentiment cela vous procure-t-il ?

— Ça me touche profondément. En fait, c'est la meilleure partie de mon travail.

Bingo ! Elle a fini par comprendre. Claire aide les gens à se sentir mieux en les aidant à choisir des vêtements qui les avantagent. Elle fait un travail gratifiant ! Et maintenant qu'elle en a conscience, elle en retire beaucoup plus de satisfaction.

Le travail prend un tout autre sens lorsque vous mettez l'accent sur les aspects de ce que vous faites qui améliorent la vie de vos semblables. Pensez-y ! Ça vous donnera vraiment envie d'aller travailler.

Vous savez maintenant ce qui vous reste à faire… Eh oui ! À vous de vous demander « Qu'est-ce que je fais, au juste ? » et de vous poser les trois questions clés concernant votre travail. Si vous êtes satisfait de vos réponses, assurez-vous de les garder à l'esprit tout au long de vos journées de travail. Sinon, efforcez-vous d'y arriver. Cet outil ne résout pas tous les problèmes liés au travail, mais il fournit une solide fondation sur laquelle bâtir le reste.

Je vous invite d'ailleurs de ce pas à explorer d'autres aspects du travail et des affaires dans lesquels vous pouvez utiliser l'approche 180 pour obtenir les meilleurs résultats possible.

Comment trouver l'emploi rêvé

Disons que vous n'avez pas d'emploi ou que vous souhaitez en trouver un meilleur. Que pouvez-vous faire pour décrocher l'emploi idéal ?

Avez-vous déjà posé votre candidature à un poste sans réussir à l'obtenir ? J'imagine que ça arrive à peu près à tout le monde un jour ou l'autre. Mais combien de gens prennent la peine de se demander : «Si vingt personnes voulaient ce poste et qu'une seule a réussi à l'obtenir, qu'avait-elle que les autres n'avaient pas ? »

Un ami au chômage m'a récemment appris qu'il postulait dix emplois par jour par Internet, et ce, depuis trois mois, mais sans succès. Si c'était votre cas, combien de temps vous faudrait-il pour comprendre que votre approche ne fonctionne pas ?

Si votre but consiste à décrocher l'emploi de vos rêves et que vous n'y arrivez pas, peut-être devriez-vous songer à changer de stratégie !

Les pros du 180 font quelque chose que vous ne faites pas, et c'est précisément la raison pour laquelle ils obtiennent les meilleurs postes. Voici un aperçu de leurs tactiques.

Et si je m'y prenais autrement ?

TRAVAIL
AFFAIRES

1. **Gardez votre emploi actuel** — Les adeptes du 180 savent très bien vers quoi ils tendent, mais en attendant de décrocher l'emploi de leurs rêves, ils sont prêts à tout pour rester sur le marché du travail, même s'ils détestent leur emploi actuel. Ils savent en effet que les employeurs sont plus portés à embaucher quelqu'un qui travaille déjà. Pour tout dire, ils préfèrent retenir la candidature d'une personne qui occupe un poste complètement différent de celui qu'elle tente d'obtenir que celle d'une personne sans emploi.

2. **Prenez tous les risques** — Imaginez-vous en train de dire à l'employeur idéal : «Je suis prêt à travailler un mois sans salaire. Le mois suivant, vous n'aurez à me payer que la moitié du salaire annoncé. Je ne m'attendrai à toucher mon plein salaire qu'à compter du troisième mois, et que si j'ai réussi à vous prouver que je le mérite à 100 pour 100.» Je comprends que tout le monde n'a pas les moyens de faire ça, mais pour décrocher l'emploi de vos rêves, jusqu'où seriez-vous prêt à aller ?

3. **Faites vos devoirs** — La plupart des gens se présentent en entrevue sans vraiment connaître l'entreprise pour laquelle ils espèrent travailler. Faites un 180, et assurez-vous d'arriver en possession d'un véritable arsenal d'informations sur votre futur employeur.

4. **Sortez de chez vous** — L'envoi d'une vingtaine de copies de votre CV dans l'espoir d'une réponse favorable ne représente plus une méthode efficace de recherche d'emploi (je doute même qu'elle ait déjà porté fruit). Constituez-vous un réseau, allez rencontrer les bonnes personnes et donnez-leur la chance de mieux vous connaître en même temps que vos connaissances et vos compétences. Assurez-vous simultanément d'être le premier informé des ouvertures qui se présentent. Vous serez alors mieux placé que quiconque pour choisir la personne ou l'entreprise pour laquelle vous voulez travailler. Et j'ai bien dit «choisir».

Voici ce qu'a fait un type du nom de Martin Beeson lorsque son employeur lui a annoncé qu'il déménageait son département de marketing en Amérique, et que ses services n'étaient plus requis. Il a mis son CV à jour, y a joint une lettre de présentation, en a fait 20 copies et s'est rendu à une rencontre de réseautage réunissant principalement des entrepreneurs désireux de vendre leurs produits ou leurs services. Il avait quant à lui un produit très important à vendre – lui-même. Il a pris le pouls de l'assistance et ciblé les 20 personnes les plus susceptibles de lui être utiles. Il s'est ensuite présenté à elles et leur a remis ses documents. À peine 24 heures plus tard, il avait en main trois offres d'emploi.

Martin vit aujourd'hui sur la côte Ouest de l'Australie et travaille comme directeur du marketing pour un constructeur de bateaux de luxe. Ce n'est pas le genre de chose qui risque de vous arriver en restant chez vous et en envoyant des CV par Internet.

5. **Soyez éblouissant** — Lorsque vous avez la chance de rencontrer un décideur, assurez-vous de faire sensation. J'ai moi-même interviewé des centaines de personnes pour toutes sortes d'emplois, petits et grands. Certaines d'entre elles, qui se croyaient sincèrement à la hauteur – pour ne pas dire au-dessus de leurs affaires –, se débrouillaient tellement mal que je ne leur aurais pas confié mon chat. À l'inverse, d'autres m'amenaient à penser : «J'espère que je lui ai bien vendu l'entreprise et qu'elle va avoir envie de travailler pour moi.»

Et si vous ne décrochez pas l'emploi que vous sollicitez, donnez-vous la peine d'obtenir l'heure juste. Demandez qu'on vous dise honnêtement pourquoi votre candidature n'a pas été retenue. Ça pourrait faire mal, mais si vous récoltez le même message à répétition, vous saurez qu'il vous faut changer quelque chose.

6. **Faites-en toujours plus que moins** – Vérifiez votre orthographe, votre grammaire et vos données (plutôt deux fois qu'une). Utilisez du beau papier (d'au moins 100 g/m^2) et envoyez vos documents par courrier recommandé.

Lorsqu'on vous convoque à une entrevue, mettez-vous en situation et «répétez» ce que vous avez l'intention de dire pour vous assurer que ça sort comme il faut. Arrivez avant l'heure, et ayez l'air professionnel. Passez la soie dentaire, utilisez un rince-bouche, assurez-vous que vos chaussures sont propres… Vérifiez tout!

Je ne suis pas comme la plupart des gens.

Ce sont là autant de choses que la plupart des gens ne savent même pas qu'ils devraient faire. Ou, pire encore, qu'ils savent devoir faire mais qu'ils ne font pas! Si j'ai un conseil à vous donner, c'est de ne pas être comme la plupart des gens.

Promotion, me voici!

Les gens qui obtiennent rapidement des promotions ne pensent pas comme ceux qui gravissent péniblement les échelons de l'entreprise un à un. Heureusement pour vous, la plupart des gens croient que la meilleure façon de monter en grade consiste à faire partie de la famille du patron ou à jouer les lèche-bottes, à moins d'avoir une chance inouïe.

La vérité est cependant tout autre. À vrai dire, les gens qui obtiennent des promotions (surtout des promotions rapides) ont tous une chose en commun: ils contribuent plus que les autres au bénéfice net de l'entreprise. Ou, s'ils travaillent pour un organisme sans but lucratif, ils contribuent davantage aux résultats essentiels à sa mission.

Avez-vous déjà entendu l'expression «le succès laisse des traces»? En deux mots, les gens qui réussissent ne peuvent s'empêcher de laisser en héritage la façon dont ils y sont parvenus, et c'est là une excellente nouvelle pour vous.

Voici comment les maîtres du 180 utilisent cette connaissance pour être promus rapidement.

VIEILLE PENSÉE		NOUVELLE PENSÉE
Il a dû lécher les bottes du patron pour obtenir sa promotion.	180	Je me demande ce qu'il a fait pour obtenir sa promotion. Je vais m'informer.
Quand ils me paieront plus, j'en ferai plus.	180	Je vais en faire plus pour les inciter à me payer plus.
Elle est vraiment chanceuse.	180	Quelle est sa stratégie, et comment puis-je l'utiliser à mon avantage ?
Ce qui compte, ce n'est pas ce que vous connaissez, mais qui vous connaissez.	180	Qui devrais-je connaître ? Comment puis-je le ou la rencontrer ?

S.O.S. 180 – J'ai perdu mon emploi

J'espère de tout cœur que vous n'aurez jamais à utiliser les techniques décrites dans cette section, mais si jamais il vous arrive de perdre votre emploi, vous serez heureux de les connaître.

- **Ce n'est pas de votre faute** — Vous avez travaillé fort. Vous vous êtes donné corps et âme, jour après jour, et puis vlan ! Plus de gagne-pain. Alors que les autres se sentent abattus et découragés, sauriez-vous faire un 180 et opter pour l'espoir et le positivisme ? Ce n'est pas un choix facile à faire, mais les outils qui suivent vous y aideront.

- **Oubliez la rancœur** — Plus facile à dire qu'à faire, mais il vaut vraiment mieux ne pas céder au ressentiment. S'il vous faut à tout prix évacuer votre

TRAVAIL
AFFAIRES

frustration, faites-le brièvement (pas plus de cinq minutes) et calmement. Tout le monde sait ce qu'on pense du patron et où il peut se mettre sa Jaguar. Pourquoi donc ne pas en profiter pour réagir différemment ? Le plus important, à ce moment précis, c'est de penser à vous et à ce que vous comptez faire.

◘ **N'en faites pas une affaire personnelle** — Pourquoi vous, alors qu'ils ont gardé Doris, elle que tout le monde sait être à peu près nulle à la comptabilité ? Les questions de ce genre ne peuvent que vous miner, laisser planer un doute dans votre esprit, et vous empêcher de tourner la page. Si ça se trouve, vous n'avez rien fait de mal. Vous occupiez seulement le mauvais poste au mauvais moment. La question est maintenant de savoir ce que vous pouvez faire.

◘ **Prenez les devants** — J'ai grandi dans une petite ville du nom de Consett, dans le comté de Durham. En 1980, l'aciérie locale a fermé ses portes, laissant du jour au lendemain 3700 personnes sans emploi. Je me souviens qu'à l'époque, au moment de toucher leur indemnité de départ, beaucoup d'ouvriers disaient qu'ils allaient prendre quelques mois de congé avant de chercher un autre emploi.

Mais après avoir effectivement pris quelques mois de congé, ils ont réalisé a) qu'ils avaient beaucoup de mal à se motiver à chercher un emploi ; b) que les emplois disponibles lors de la fermeture de l'usine s'étaient envolés ; et c) qu'il faudrait encore des mois, sinon des années, pour que les fonds injectés dans la relance économique n'arrivent à générer suffisamment d'emplois pour tout le monde.

Entre-temps, d'autres avaient appliqué l'approche 180 et pris les devants pour saisir les occasions disponibles. Aussitôt qu'ils avaient eu vent de ce qui leur pendait au bout du nez, ils s'étaient rapidement et activement mis à la recherche d'un autre emploi.

◘ **Donnez-vous des munitions** — Mettez sur papier toutes les données qui pourraient vous être utiles par la suite. Un petit crayon vaut mieux qu'une grande mémoire ! En notant les noms et les numéros de téléphone de collègues ou de personnes-ressources, toute information particulière que vous détenez ainsi que vos méthodes de travail, vous vous assurez d'avoir accès à de précieux renseignements lorsque vous en aurez besoin.

◘ **Surveillez vos fréquentations** — Rappelez-vous qu'on finit par ressembler aux gens avec lesquels on passe le plus de temps. Ainsi, bien que vous puissiez être tenté d'entretenir des relations avec d'autres sans-emploi, gardez-vous-en. Faites un 180 et passez le plus de temps possible avec des gens qui ont du travail. Vous décrocherez un emploi plus rapidement de cette façon.

◘ **Prenez soin de vous** — La perte d'un emploi peut s'avérer une expérience des plus stressantes. Vous êtes la personne la plus importante du monde, ce qui veut dire qu'il importe plus que jamais de vous tenir en forme (ou de faire ce qu'il faut pour l'être), de bien manger et de prendre le temps de vous relaxer pleinement (ce qui ne veut surtout pas dire regarder la télé toute la journée).

◘ **Faites l'inventaire de vos compétences** — Il s'agit ni plus ni moins de dresser une liste de vos atouts. Vous trouverez facilement des modèles de bilan de compétences en ligne. Certains fonctionnent par cases à cocher, alors que d'autres vous demandent de vous accorder une note sur 10 par rapport à différents énoncés. Plutôt que de simplement remplir le formulaire tel quel, imprimez-le avant de répondre aux questions, et ajoutez cinq mots après chaque énoncé : « ce qui veut dire que… ».

Suivent quelques exemples d'application de cette technique à partir de questions courantes dans les bilans de compétences.

Je sais respecter des échéances, *ce qui veut dire que* j'organise mon temps, que je suis fiable et que je ne cause pas de soucis à mes patrons.

J'ai l'esprit pratique, *ce qui veut dire que* je peux moi-même résoudre des problèmes plutôt que de toujours appeler à l'aide. Je peux également utiliser ce talent pour aider les autres.

J'ai une bonne maîtrise de ma langue, *ce qui veut dire que* je peux réviser des documents avant leur diffusion ou leur publication, et ainsi rehausser le professionnalisme de l'entreprise.

La plupart des gens pensent à leurs compétences sous forme de simple liste. Mais la force réelle d'une compétence – quelle qu'elle soit – se trouve dans ce qu'elle apporte aux autres. C'est pourquoi en prolongeant chaque énoncé de compétence avec les mots « ce qui veut dire que… », vous vous mettez davantage en valeur et rehaussez votre employabilité.

Je dois faire valoir mes atouts réels.

Et si vous deveniez votre propre patron ?

Le temps serait-il venu pour vous de faire le grand saut vers l'autonomie ? Vous ne seriez pas le premier. Beaucoup d'autres avant vous ont décidé de créer une entreprise après avoir perdu leur emploi. Ainsi leur malheur a-t-il pris des allures de bénédiction insoupçonnée.

Pour devenir entrepreneur, il n'est pas nécessaire de prendre la tête d'une grande société, d'embaucher de nombreux employés et de s'exposer à d'énormes risques. Vous pourriez tout aussi bien devenir travailleur autonome et faire ce que vous avez toujours rêvé de faire. La perte de votre emploi deviendrait alors la chance que vous attendiez.

Prenez quelques minutes pour passer en revue les points couverts depuis le début de ce chapitre, et avant de vous lancer, assurez-vous d'avoir au moins une ou deux idées que vous êtes prêt à mettre en action. Le travail occupe une si grande partie de votre temps qu'il mérite de figurer parmi les activités les plus satisfaisantes et les plus gratifiantes de votre vie. En mettant le 180 au service du travail, vous aurez vite fait de constater qu'il est plus facile qu'on le croit de tirer le maximum de ce qu'on fait.

La moitié des heures éveillées de beaucoup de gens sont passées à se rendre au travail, à travailler et à revenir du travail. Conclusion : vous avez tout intérêt à aimer ce que vous faites !

Parlons affaires

Peut-être vous sentez-vous maintenant inspiré à mettre sur pied votre propre organisation et à lancer un nouveau produit ? À moins que vous soyez déjà à la tête d'une entreprise et que vous souhaitiez l'améliorer ? Dans un cas comme dans l'autre, vous devez bien comprendre l'importance du 180 en affaires.

Si vous êtes «en affaires» – et aux fins de ce livre, cela s'applique aussi bien à celui ou celle qui possède une entreprise, qui dirige une entreprise ou qui a le sentiment d'être responsable du succès de son entreprise –, cette section est pour vous.

Le marché de l'art à Paris – savoir miser sur la valeur ajoutée

À Paris, les artistes de rue tirent une grande partie de leurs revenus des «petits extras» qu'ils proposent. Voici comment ils s'y prennent.

Lorsque vous voulez acheter un tableau, une caricature ou une aquarelle, le prix est rarement affiché. Vous devez donc le demander. Disons que l'artiste vous répond «50 euros». Il étudie alors soigneusement votre réaction. Si vous sourcillez, il s'empresse d'ajouter de la valeur en disant quelque chose comme «… mais aujourd'hui, l'encadrement à 10 euros est inclus dans le prix». Et si vous affichez toujours un air incertain, la suite naturelle devient «de même que l'emballage protecteur pour le ramener chez vous sans l'abîmer, ce qui vous coûterait normalement 10 euros de plus».

Marché conclu! Après tout, vous avez réussi à obtenir 70 euros de marchandise pour seulement 50 euros. Vous avez toutes les raisons de vous féliciter!

Et comment réagit l'artiste lorsque quelqu'un estime raisonnable de payer 50 euros pour son œuvre? Il ajoute spontanément «Et si je vous l'encadrais ici même pour seulement 10 euros?» Le touriste ravi continue de sourire et de faire oui de la tête, et l'artiste enchaîne avec «Pour 10 euros de plus, je peux même vous l'emballer afin qu'il ne s'abîme pas durant le voyage de retour chez vous.»

C'est ce que j'appelle du 180! Et ça s'utilise dans toutes les transactions. À vous d'essayer lors de vos prochains achats. Si vous ne pouvez obtenir un rabais, demandez à obtenir quelque chose de plus pour le même prix. Testez aussi cette approche lorsque vous devez vendre quelque chose. Si votre client trouve le prix trop élevé, songez à ce que vous pouvez ajouter sans réduire votre prix. Et s'il sourcille encore, trouvez vite quelque chose de plus à lui offrir pendant qu'il ne demande qu'à acheter.

Smyth & Gibson confectionne les meilleures chemises du monde. Cette entreprise de Belfast fait des chemises, et rien d'autre. Et elle les garantit 20 ans. Pensez-y : 20 ans pour une chemise !

Mais ce n'est pas tout. Smyth & Gibson emploie des personnes chargées de la fabrication et de la pose des cols de chemise. Et c'est tout ce qu'elles font. Elle emploie aussi des gens pour couper le tissu de façon à ce que chaque couture semble invisible. Et elle emploie des personnes dont la seule fonction consiste à assembler les manches en veillant à ce que les rayures soient parfaitement alignées. En fin de compte, chaque chemise requiert l'intervention de 15 personnes.

Lorsque j'ai demandé à Richard Gibson : « Pourquoi ne pas montrer à chaque employé comment faire un peu de tout ? Vous pourriez sûrement fabriquer plus de chemises. » il m'a répondu que son approche visait à révolutionner les méthodes de fabrication. Alors que tous ses concurrents ne pensaient qu'à l'automatisation et à l'augmentation des volumes de production, son entreprise avait choisi de se spécialiser et de mettre l'accent sur les détails. Je n'ai alors pu m'empêcher de lui demander : « Mais pourquoi est-ce si important d'aligner les rayures ? La plupart des gens ne le remarquent même pas ! » Et lui de me répondre : « Nous le remarquons. » J'adore cette assurance et cet aplomb.

Dans un monde de généralistes, quelle est votre spécialité ?

TRAVAIL
AFFAIRES

Le 180 par la négative

Dans les années 1970, ABM (Allen, Brady and Marsh) était une agence de publicité audacieuse qui avait la cote. Elle s'est même retrouvée parmi les finalistes appelées à soumissionner pour obtenir le contrat de publicité de British Rail. Or, à cette époque, les chemins de fer britanniques comptaient parmi les plus gros et les plus prestigieux clients du pays. Il était donc capital de trouver le moyen de se démarquer du peloton.

Les autres agences de la courte liste des finalistes ont pour la plupart choisi d'épater le conseil et son président avec des slogans accrocheurs, des maquettes d'affiches et des présentations tape-à-l'œil. ABM a plutôt opté pour un improbable 180.

Une réceptionniste sans façon a froidement accueilli le président de British Rail et les membres de son conseil avant de les conduire à une salle de réunion franchement miteuse. Alors qu'ils étaient sept, il n'y avait que six chaises. On leur a ensuite servi du thé tiède, des biscuits ramollis et des sandwichs dont le pain commençait à sécher. Pour couronner le tout, l'équipe d'ABM était en retard!

Après une heure d'attente insupportable, alors que le président de British Rail s'apprêtait à partir, Rod Allen, le chef de la direction d'ABM, a fait son entrée dans la pièce. Il n'a présenté aucune excuse, et c'est à peine s'il a salué son vis-à-vis. À ce stade, inutile de dire que les représentants de British Rail étaient furieux!

C'est alors qu'ils ont eu droit à un des arguments les plus percutants jamais entendus pour obtenir un contrat. Rod Allen a simplement balayé la pièce d'un geste de la main en disant: «Voici comment vos clients vous perçoivent… Nous allons changer ça.»

L'affaire était dans le sac.

Je suis l'artisan de ma chance.

Quelle chance, n'est-ce pas, que de l'emporter sur tous les autres concurrents! Combien de fois n'avez-vous pas entendu dire de quelqu'un qui avait réussi qu'il était chanceux? Mais la vérité est souvent bien différente. Dans la plupart des cas, la chance en question rime en fait avec imagination, flair, vivacité d'esprit et une bonne dose d'audace pour produire quelque chose de différent et de mémorable.

Le 180 en affaires garantit qu'on vous remarquera, qu'on se souviendra de vous et qu'on vous recommandera.

De revers en fortune

Les affaires vont parfois bien et parfois mal. Lorsqu'elles vont bien, on a du mal à imaginer qu'elles puissent aller mal. Mais, tôt ou tard, il leur arrive d'aller mal. Et lorsqu'elles vont mal, on a peine à imaginer qu'elles puissent aller mieux. Mais elles finissent toujours par aller mieux. Les gens intelligents le savent bien, et les gens très intelligents savent comment en tirer parti.

Éberlué par le prix qu'il pouvait en tirer, un de mes amis a vendu 38 propriétés en 2 mois! C'était à peine quelques mois avant que le marché immobilier plafonne en 2007, et bien sûr avant la dégringolade de 2008. Comment donc savait-il que le temps était venu de vendre?

Ne me dites surtout pas qu'il a eu de la chance. Il a plutôt eu beaucoup d'intuition, oui. Chaque fois que quelqu'un lui demande comment il a su, il répond: «Ça semblait trop beau pour être vrai.» Beaucoup d'autres investisseurs n'ont pas eu ce flair et se sont fait prendre au jeu, car non seulement ça semblait trop beau pour être vrai, mais ça l'était!

Lorsqu'on sait que les affaires sont cycliques, il peut être tentant d'attendre qu'elles aillent bien, ou mieux, avant de redoubler d'ardeur, de lancer de nouveaux projets ou de prendre des risques. Cependant, les gens très intelligents ne pensent pas comme ça. Ils font un 180, ils redoublent d'ardeur, ils lancent de nouveaux projets et ils prennent plus de risques lorsque ça va mal. Car ils savent que lorsque les beaux jours vont revenir, ils seront à l'avant-scène et fin prêts à récolter les fruits de leurs efforts.

Lorsque tout va mal

Voici quatre questions à se poser lorsque les affaires vont moins bien :

1. Quelle est notre plus grande force ?

2. Comment pourrions-nous nous diversifier ou nous spécialiser ?

3. Que pouvons-nous faire pour fidéliser davantage notre clientèle ?

4. Que pouvons-nous faire pour être prêts à tirer le maximum de la reprise des affaires ?

Lorsque tout va bien

Et quatre autres questions à se poser lorsque tout va pour le mieux :

1. Sommes-nous en train d'investir dans notre avenir ?

2. Comment pourrions-nous prendre plus de risques calculés ?

3. Où d'autre, dans le monde, pourrions-nous faire ce que nous faisons ?

4. Est-ce que tout cela est trop beau pour être vrai ?

Le 180 en action

Je ne sais pas comment vont les affaires pour vous en ce moment, mais une chose est certaine, et c'est qu'elles basculeront à un moment ou à un autre. Le défi que je vous lance, c'est d'utiliser tous les outils possibles de la trousse 180 pour maximiser vos efforts dans l'immédiat afin d'en récolter les fruits dans les temps à venir. Pour vous convaincre de l'importance du 180 dans ce contexte, je vous recommande d'ailleurs fortement de lire *La crise économique de 1929 : Anatomie d'une catastrophe financière* de John Kenneth Galbraith.

Pensez comme un client

Comme qui pourriez-vous encore penser pour faire un 180 à même de produire des résultats différents ? Dans les réunions d'entreprises commerciales, on entend souvent dire qu'il faut davantage se mettre dans la peau du client. D'accord, mais comment faut-il s'y prendre, au juste ? Eh bien, la meilleure façon de penser comme un client, c'est de devenir un client.

J'ai travaillé auprès d'une compagnie dont les dirigeants étaient préoccupés par le fait que leur service de vente en ligne n'était pas aussi achalandé qu'ils l'avaient espéré. J'ai alors demandé aux membres du conseil combien d'entre eux avaient déjà passé une commande en ligne dans leur site Web, et presque tous ont fait oui de la tête. J'ai ensuite sorti une chemise de ma mallette en disant : « J'ai ici une liste de toutes les personnes qui ont commandé quelque chose en ligne, et je l'ai croisée avec celle des personnes ici présentes. Maintenant, je vous demanderais de lever la main si vous êtes absolument certain de figurer sur cette liste. » Seules quelques mains se sont levées, et dix faces sont soudain devenues rouges, y compris celle du président-directeur général.

Mon point était le suivant : comment pouvaient-ils avoir la moindre idée de ce que pensaient leurs clients s'ils n'avaient eux-mêmes aucune expérience d'achat dans leur propre site ?

La meilleure façon de savoir ce que ressent le client, c'est de faire ce qu'il fait, de vivre son expérience et de respirer le même air que lui.

Un excellent exemple de «pensée client» est celui de l'hôtel Summer Lodge, à Dorset. Julia allait se marier le 2 janvier, et s'était fait poser des ongles artificiels la veille du jour de l'An. Par malheur, à peine 24 heures plus tard (le jour de l'An !), trois d'entre eux étaient tombés, et elle n'était plus vraiment sûre d'aimer l'effet de ceux qui restaient. Et le salon de beauté qui avait fait le travail était naturellement fermé. Son mariage étant le lendemain, inutile de vous dire que Julia était complètement paniquée.

Elle a alors téléphoné au Summer Lodge pour parler à la responsable du spa, Rosemary Sumner-Pike, et la supplier de l'aider à résoudre son problème. Non seulement elle a aussitôt obtenu un rendez-vous (rappelez-vous que c'était le jour de l'An !), mais Rosemary a fait preuve d'une ingéniosité peu commune. Elle a réuni son personnel et demandé à chacun des membres de son équipe d'imaginer que c'était la veille de son mariage, de bien s'imprégner du sentiment que cela pouvait lui inspirer, et de penser à ce qu'il fallait faire pour rendre cette visite tout à fait spéciale.

À son arrivée, Julia s'est vu servir une camomille pour l'aider à rester calme. On lui a ensuite retiré les ongles qui restaient avant de lui faire une manucure. Puis, vint la question fatidique : quelle couleur devait-on appliquer sur ses ongles ? Elle n'arrivait pas à choisir entre le rouge vif et le rose pâle. La manucure lui a donc appliqué du rouge sur les ongles d'une main et du rose sur les ongles de l'autre main pour l'aider à faire son choix. Mais elle n'arrivait toujours pas à se décider, évoquant le fait qu'elle n'était ni coiffée ni maquillée.

C'est alors que le Summer Lodge s'est vraiment surpassé. Pendant qu'une employée du spa la maquillait, une autre s'occupait de sa coiffure tandis qu'une troisième lui préparait une autre camomille. Sachant maintenant de quoi elle aurait l'air, elle n'eut aucun mal à choisir le rouge.

En partant, Julia promit à l'équipe du tonnerre de rester en contact. L'occasion allait d'ailleurs s'en présenter plus vite que personne ne l'aurait prévu ! Le mariage s'est très bien déroulé et la réception était parfaitement réussie, mais vers 23 h, lorsque Julia et son nouveau mari se sont présentés à l'hôtel qu'ils avaient choisi pour leur nuit de noces, quelle ne fut pas leur surprise de constater qu'il était fermé. C'est alors que la «pensée client» a porté fruit. Où pensez-vous que nos deux nouveaux mariés ont téléphoné ? Au Summer Lodge, bien entendu. Ils ont réservé la meilleure chambre, ont passé la plus grande partie du lendemain sur place, se sont fait servir un dîner gastronomique et ont tous deux profité des traitements offerts par le spa.

Qui n'a pas entendu des histoires de ce genre ? Peut-être même avez-vous déjà vécu une expérience comparable. Ce qui fait toute la magie d'une telle situation, c'est le facteur humain. Si Rosemary n'avait pas insisté pour que les membres de son personnel se mettent vraiment dans la peau du client, croyez-vous qu'ils se seraient surpassés comme ils l'ont fait ? Et croyez-vous que Julia et son mari se seraient spontanément tournés vers le Summer Lodge après s'être cogné le nez à la porte de l'hôtel qu'ils avaient choisi ? Une chose est certaine, et c'est qu'ils raconteront leur aventure cinq étoiles à quiconque voudra l'entendre !

Le 180 au service des petits commerçants (et pourquoi pas des gros ?)

Je suis toujours étonné de constater que pour beaucoup de propriétaires de petites entreprises, la clé du succès consiste à ressembler le plus possible aux grandes, alors qu'en réalité, c'est tout le contraire.

Dans ma ville natale, il n'y avait que deux marchands de poissons, et leurs affaires allaient très bien. Puis, en deux ans à peine, ont poussé un supermarché Tesco, un supermarché Waitrose et un Marks & Spencer. Étant amateur de poisson frais, j'étais plus que curieux de voir ce qui allait arriver à nos deux marchands de poissons.

Le poissonnier numéro un a commencé à se plaindre de la concurrence de Tesco. Il s'en plaignait au journal local, aux autres commerçants et même à ses clients. Je me souviens même l'avoir entendu me dire qu'il était incapable de rivaliser avec les prix de Tesco – alors que je ne lui avais même pas parlé de prix! Après des mois de guerre stérile contre le géant de l'alimentation, il a fermé boutique et placardé un avis dans sa vitrine disant que sa ruine était la faute de Tesco et ses semblables.

La poissonnière numéro deux a réagi différemment. Elle a créé une marque locale et cherché à fidéliser sa clientèle. Elle parlait de son poisson, vous disait où et quand il avait été pêché, et n'hésitait pas à offrir de petits extras. Il ne fait aucun doute qu'elle subissait elle aussi le contrecoup de l'implantation locale des trois grandes chaînes, mais jamais elle ne s'en plaignait. En fin de compte, elle a survécu, et même prospéré, d'autant plus que la fermeture de son rival lui a permis de récupérer une partie de sa clientèle.

N'essayez pas de faire comme les grands. Mettez plutôt l'accent sur ce qu'ils ne font pas et que vous pourriez faire, ou sur ce que vous faites et qu'ils ne peuvent faire.

Et s'il se trouve que vous faites partie des grands, que pouvez-vous apprendre des petits? La chaleur humaine? L'empressement? Le service personnalisé?

Dites-vous bien que ce n'est pas parce que vous êtes plus riche et plus puissant que vous n'avez pas intérêt à apprendre des plus petits que vous. Ils sont peut-être même meilleurs que vous !

Le monde du commerce et des affaires en général a plus que jamais besoin de maîtriser l'art du 180. Le rythme ne cesse de s'accélérer, les idées demandent constamment à être renouvelées et la passion au travail est plus importante que jamais, sans oublier une vision claire et nette de vos objectifs.

9. Le 180 pour un avenir de toute beauté

26

ART DU 180

BONHEUR
CONFIANCE EN SOI

AMITIÉ
AMOUR
FAMILLE

SANTÉ

ARGENT

SUCCÈS

CRÉATIVITÉ

TRAVAIL
AFFAIRES

AVENIR

TOUT LE RESTE

Votre plan est-il déjà tout tracé? Avez-vous une stratégie pour le réaliser? Êtes-vous emballé par votre avenir, ou soucieux de ce qui va vous arriver la semaine prochaine?

Est-ce qu'un brillant avenir reposerait sur une simple liste d'objectifs à atteindre? C'est en tout cas un premier pas qui ne demande pas trop d'efforts, et nous savons tous que nous devrions faire cet exercice. Mais à vrai dire, il en faut beaucoup plus pour se forger un avenir fabuleux.

Au fil de mes voyages et de mes rencontres, je constate que beaucoup de gens n'ont aucun plan d'avenir. La plupart se contentent de laisser la vie décider de leur sort, et utilisent leur énergie pour réagir à ce qui leur arrive. Je dis plutôt: «Faites un 180, planifiez la vie que vous voulez et utilisez votre énergie et votre créativité pour mettre votre plan à exécution.»

Tant de gens imposent des conditions inutiles à la planification de leur avenir! À tel point qu'ils ne se mettent jamais à l'œuvre. Ce sont les adeptes du «si… alors».

Les dangers du «si… alors»

L'approche «si… alors» est sans doute une des plus paralysantes qui soient. On entend constamment des choses du genre: «Si je gagnais plus d'argent, je ferais des économies. » « Si j'obtenais une promotion, je travaillerais plus fort. » « Si j'avais une nouvelle voiture, j'en prendrais bien soin. »

Si vous pensez de cette façon, vous laissez votre avenir à la merci de circonstances sur lesquelles vous n'avez que peu ou pas de contrôle. C'est peut-être un cycle difficile à briser, mais vous devez absolument le briser.

Le « si... alors » est aussi très répandu dans le domaine du bien-être personnel : « Si je perdais du poids, je serais beaucoup plus heureuse. » « Si je rencontrais la bonne personne, les choses seraient bien différentes. » Et ainsi de suite.

En y pensant bien, ne croyez-vous pas qu'un bon 180 vous donnerait de meilleurs résultats ? Qu'arriverait-il si vous vous disiez plutôt : « Je suis heureuse, et ça me permet de gérer plus facilement mon poids. » ou « En étant heureux, je ne peux qu'attirer la bonne personne. » Ça peut sembler simple de prime abord, mais il ne suffit pas de se dire heureux, il faut le devenir.

À partir du moment où vous réalisez que vous et vous seul avez le contrôle de vos actes, de vos attitudes et de vos convictions, vous avez tout ce qu'il faut pour vous créer un avenir de toute beauté.

Qu'est-ce qui pourrait bien rendre mon avenir fantastique ?

Cela dit, il y a aussi des moments où vous pouvez utiliser l'approche « si... alors » de façon positive pour vous motiver. Par exemple : « Si je veux un avenir fantastique, j'ai tout intérêt à faire ce qu'il faut dès maintenant. »

« Est-ce que je devrais immédiatement faire la liste de mes objectifs ? » vous demandez-vous. Non, pas tout de suite – même si j'admire votre enthousiasme.

Vous n'avez pas encore clairement défini l'avenir que vous vous souhaitez, mais vous serez d'accord avec moi pour dire que vous le voulez extraordinaire.

> Avec lesquels de ces énoncés êtes-vous d'accord ?
>
> 1. Je mérite un brillant avenir. ☐
>
> 2. Les gestes que je pose aujourd'hui influenceront mon avenir. ☐
>
> 3. Je suis libre de la plus grande partie de mes actes. ☐
>
> 4. J'ai dû surmonter des obstacles pour arriver là où je suis. ☐
>
> 5. Au plus profond de moi-même, je sais que je vaux encore mieux que je le pense. ☐

J'imagine sans mal que vous avez coché tous les énoncés, pour la simple et bonne raison qu'ils sont tous vrais !

Voyons maintenant comment certaines personnes sabotent ces cinq vérités de manière subconsciente (ou même consciente !).

1. **Je mérite un brillant avenir.** — Seuls les gens qui ont de la chance finissent par avoir un brillant avenir. Je n'ai quant à moi jamais été particulièrement chanceux.

2. **Les gestes que je pose aujourd'hui influenceront mon avenir.** — Je peux très bien remettre ça à demain ou à la semaine prochaine ; ça ne fera sûrement pas une grande différence.

3. **Je suis libre de la plus grande partie de mes actes.** — Sauf lorsque mon patron, ma banque ou la météo s'en mêlent.

4. **J'ai dû surmonter des obstacles pour arriver là où je suis.** — Peut-être, mais je ne me souviens plus très bien comment j'ai réagi ou ce que j'ai pu faire pour passer par-dessus. Je m'inquiète surtout des problèmes qui m'attendent encore.

5. **Au plus profond de moi-même, je sais que je vaux encore mieux que je le pense.** — Mais je trouve plus facile de m'apitoyer sur les talents que je n'ai pas et de ne pas trop vanter ceux que j'ai.

Le secret consiste ici à reconnaître que vous avez le choix entre les façons de percevoir ces états de fait. Les choix positifs et proactifs demandent parfois un peu plus de conviction, de confiance en soi et d'efforts, mais le jeu en vaut largement la chandelle.

Un monde de possibilités contre le mur du doute

Votre premier défi consiste à apprendre à vous concentrer sur les possibilités sans fin qui s'offrent à vous pour faire tomber le mur du doute.

Notez que je ne vous ai pas encore demandé d'écrire ce que vous comptiez faire de votre avenir, et que j'en suis très conscient.

Un monde de possibilités

Quel est donc ce monde de possibilités? Il se trouve quant à moi dans la réalisation profonde qu'avec le temps, la bonne attitude, des gestes réfléchis et beaucoup de volonté, n'importe qui peut accomplir de grandes choses.

Combien de temps croyez-vous qu'il faut pour devenir un des cinq plus grands sommeliers de la planète? Vous dites 20, 30 ou même 40 ans? Dites plutôt 4! C'est en tout cas le nombre d'années qu'il a fallu à Luvo Ntezo de l'hôtel Twelve Apostles, en Afrique du Sud, pour passer d'employé de piscine à sommelier, et pas n'importe quel sommelier! Voici son histoire.

Dans ses propres mots : « La première fois que quelqu'un m'a demandé de lui apporter une bouteille de vin, ça a été catastrophique. Je ne savais même pas me servir du tire-bouchon, et un client a dû m'aider. C'est alors que j'ai décidé qu'on ne m'y reprendrait plus. Je voulais tout savoir du vin. » Et il a sur-le-champ entrepris son odyssée.

Lorsqu'on lui a donné la possibilité de visiter la cave de l'hôtel, Luvo a sauté sur l'occasion. Il y a rencontré le viticulteur John Laubscher et le maître de chai Herman Hanekom. « Je leur ai posé un tas de questions insignifiantes, dit-il, et ces deux hommes remarquables y ont gentiment répondu. »

Avec le temps, notre homme en est venu à développer un « nez » peu commun, mais un de ses mentors lui a fait savoir qu'il devait encore apprendre à maîtriser « la langue poétique du vin ». Luvo s'est alors mis à lire – parfois plusieurs heures par jour en dehors de ses heures de travail – afin de perfectionner son anglais.

Peu de temps après, on lui a offert une place de barman au Leopard Lounge du Twelve Apostles. Et malgré ses humbles débuts, il n'a pas tardé à faire sa marque dans une soirée de dégustation. On a ouvert une bouteille pour la faire goûter aux convives, qui ont tous affiché un air d'appréciation en disant qu'ils trouvaient ce vin « très bon ». Luvo n'était cependant pas du tout de cet avis, et il ne s'est pas gêné pour le dire : « Oxydé, éventé et louche. » Ce qui était exactement le cas. La direction du Twelve Apostles en a pris bonne note et a offert à Luvo l'occasion de parfaire son art.

Deux ans plus tard, il remportait le premier prix du concours national de la Chaîne des Rôtisseurs dans la catégorie Jeunes sommeliers, et se qualifiait pour prendre part au concours international, à Vienne, où il a terminé quatrième. Étonnant, non ? D'autant plus que Luvo n'avait alors que 25 ans !

Reprenons l'histoire de Luvo point par point pour mieux comprendre comment il a utilisé sa propre version du 180 pour atteindre cet incroyable résultat en seulement quatre ans.

- **Il a transformé un problème en source de motivation.** — Il était gêné de ne pas savoir ouvrir une bouteille de vin et a aussitôt pris la décision «d'apprendre à mieux connaître le vin». Combien de gens ont cette présence d'esprit? La plupart ne chercheraient-ils pas plutôt à éviter par tous les moyens de se retrouver dans une situation où ils auraient à servir du vin?

- **Il a posé des «questions insignifiantes».** — J'aime tout spécialement cette partie de l'histoire, et pour deux raisons. La première, c'est qu'il a osé les poser. Combien de questions restent sans réponse dans votre tête parce que vous êtes trop gêné de les poser? La deuxième, c'est qu'il reconnaît le mérite des «deux hommes remarquables qui lui ont gentiment répondu». Il y a partout des gens merveilleux qui sont prêts à répondre aux questions farfelues. Mais pas des gens comme Luvo qui sont prêts à les poser.

- **Il a travaillé fort.** — On ne développe pas un «nez peu commun» par chance, mais bien à force d'efforts. Avant la finale du concours, Luvo a passé des semaines à goûter des centaines de vins, à apprendre leur histoire et à se préparer à toute éventualité.

- **Il a su encaisser la critique et s'en servir pour s'améliorer.** — Comment vous sentiriez-vous si vous aviez développé un talent particulier et que quelqu'un venait vous reprocher de ne pas savoir en parler convenablement? Une fois de plus, Luvo a transformé le négatif en positif, et passé le plus clair de ses temps libres à étudier l'anglais et à parfaire son usage du vocabulaire des vins.

- **Il a pris un risque.** — À la soirée de dégustation, alors que tout le monde se comportait en mouton et disait trouver très bon ce vin qui ne l'était pas, Luvo n'a écouté que son cœur. Imaginez un peu la pression: vous êtes le petit nouveau, et dès votre première dégustation, vous osez contredire l'expert de service !

- ☐ **Il avait un entourage propice.** — Luvo était entouré de gens qui ne demandaient qu'à l'aider à atteindre son but. Je suis sûr que cela a accéléré sa marche vers le succès.

- ☐ **Il n'avait pas peur d'être mis à l'épreuve.** — En s'inscrivant à un concours et en acceptant d'être jugé par des gens qu'on ne connaît pas, on prend un grand risque. Mais les risques peuvent cacher de grandes récompenses !

Il y a des douzaines d'histoires comme celle de Luvo, et je passe beaucoup de temps à en lire pour m'en inspirer. Reste que celle-ci constitue un exemple parfait d'ouverture à un monde de possibilités. Mais qu'en est-il de l'envers de la médaille ?

Le mur du doute

Voilà ce qui empêche les gens d'aller plus loin, ou même de commencer quoi que ce soit : « Pourquoi me fixer des objectifs de brillant avenir alors que je n'arriverai jamais à les atteindre ? » Puisque nous ne sommes pas nés avec une telle mentalité, nous pouvons nous demander où diable nous avons bien pu l'acquérir.

Il m'est un jour arrivé d'animer un atelier axé sur l'établissement d'objectifs dans une classe de Glasgow. Une des élèves a déclaré qu'elle voulait devenir hôtesse de l'air (ce qu'on appelle aujourd'hui une agente de bord). Elle avait préparé un beau carton sur lequel elle avait écrit son but en grosses lettres et mis une photo d'elle en uniforme. Elle était enthousiaste et motivée.

L'enseignante a regardé son travail et, à ma grande surprise, lui a lancé : « C'est très bien, mais il me semble que tu devrais songer à quelque chose d'un peu plus réaliste en cas d'échec.» Le mur du doute venait de s'installer, et j'en étais bouche bée. Après la classe, j'ai repris l'enseignante sur son approche, mais elle m'a bêtement répondu : «Il n'y a rien de mal à rêver, mais je ne voudrais tout de même pas que la petite soit déçue.» N'aimeriez-vous pas donner une bonne leçon à cette enseignante à 10 000 mètres d'altitude?

Vous sentez-vous plus motivé, maintenant? Oui? Et je ne vous ai toujours pas demandé de mettre vos objectifs par écrit!

Ne laissez pas s'installer le mur du doute. Utilisez la critique comme un facteur de motivation. Soyez déterminé à réussir. La seule personne qui peut décider jusqu'où vous irez, c'est vous!

Oui, je m'étonne du nombre de personnes qui n'ont aucun plan d'avenir. Mais je m'étonne tout autant du nombre de personnes qui, avec ou sans plan, ne savent pas vraiment ce qu'elles veulent. Or, il est passablement difficile d'envisager un avenir de toute beauté lorsqu'on ne sait même pas ce qu'on veut.

Peut-être la liste qui suit vous aidera-t-elle à vous projeter dans le futur…

LE GÉNÉRATEUR D'IDÉES D'AVENIR

- Maintenir une santé éclatante
- Acheter une nouvelle voiture
- Dormir à la belle étoile

- Rembourser ses dettes
- Apprendre une langue
- Aller vivre à la campagne

- Écrire un livre
- Perdre quelques kilos
- Aménager son jardin
- Arrêter de fumer
- Soutenir une œuvre de charité
- Prendre des leçons de surf
- Payer son hypothèque
- S'inscrire à un atelier
- Mieux s'organiser
- Déménager dans une plus belle maison
- Partir en croisière

- Agrandir la maison
- Trouver un partenaire
- Renouveler sa garde-robe
- Changer d'emploi
- Passer plus de temps avec ses amis
- Apprendre à cuisiner
- Prendre une retraite anticipée
- Lire les grands classiques
- Faire du ski nautique
- Planifier une escapade d'un week-end
- Faire du bénévolat

- Courir un marathon
- Faire un voyage de rêve
- Partir à l'aventure
- Élaborer un projet
- S'accorder plus de temps à soi-même
- Suivre des cours de salsa
- Se donner plein d'énergie
- Démarrer sa propre entreprise
- Acquérir plus de confiance en soi
- Manger dans les meilleurs restaurants
- Se simplifier la vie

Ça vous fait toujours bien 39 suggestions de départ ! Je pourrais vous en donner mille autres, mais ça deviendrait alors *ma* liste, alors que le moment est – enfin – venu de dresser la vôtre. Mais vous allez le faire façon 180.

Se fixer des objectifs et les atteindre, sans quoi...

D'habitude, lorsqu'on vous demande de mettre vos objectifs par écrit, on vous invite ensuite à décrire les bienfaits que vous procurera l'atteinte de chacun de ces objectifs. Je vais cependant vous demander de faire le contraire, et d'écrire ce qui se passera si vous n'atteignez pas un objectif.

Voici quelques exemples.

- ☐ Payer mon hypothèque – Si je ne rembourse pas mon hypothèque, je ne serai jamais vraiment propriétaire de ma maison.

- ☐ Lire les grands classiques – Si je ne le fais pas, il manquera un grand pan à ma culture.

- ☐ Arrêter de fumer – Si je continue de fumer, je risque de connaître une mort horrible et douloureuse qui peinera grandement mes amis et mes proches.

Nous sommes loin de la vie en rose, non? Par contre, en prenant conscience des conséquences négatives de l'échec, vous vous stimulerez davantage à poursuivre vos objectifs jusqu'au bout.

Vous êtes sans doute prêt à en faire plus pour éviter de souffrir que pour vous donner du plaisir.

Après avoir employé cette méthode pour vous mettre en branle, vous pouvez refaire votre liste, mais en décrivant cette fois les effets positifs que l'atteinte de vos objectifs aura sur votre avenir. La motivation à fuir la douleur constitue un puissant point de départ, mais vous ne voulez pas vous éterniser à ce stade.

Vous pouvez bien sûr penser à votre avenir à court terme – dans les semaines à venir – ou à long terme – dans 10 ou 20 ans –, mais ce qui importe, c'est de déterminer à quel moment vous projetez d'atteindre vos objectifs. Car à moins de lui fixer une date, un objectif n'est rien d'autre qu'un rêve.

Et – tant qu'à être dans les évidences – il ne suffit pas de se fixer des objectifs, encore faut-il passer à l'action et faire ce qu'il faut pour les atteindre !

Faisons maintenant le point avant de passer à l'étape suivante.

À ce stade-ci, vous devriez…

- avoir décidé ce que vous voulez ;

- l'avoir mis par écrit et fixé une date d'échéance pour chacun de vos objectifs ;

- avoir pensé à ce qui arrivera si vous n'atteignez pas vos objectifs – histoire de vous motiver à prendre les moyens nécessaires pour y arriver ;

- avoir commencé à prendre des mesures pour atteindre vos objectifs ;

- avoir refait votre liste en décrivant les effets positifs associés à vos objectifs ;

- avoir suivi les règles de base de l'établissement d'objectifs, qui consistent à revoir régulièrement vos objectifs et à vous visualiser en train de les atteindre.

Ça y est ? Beau travail ! Allons-y donc pour l'étape suivante.

Quoi?
Quand?
Sinon?
Comment?
Gains?

Vive les obstacles !

La vie ne serait-elle pas merveilleuse s'il n'y avait pas de problèmes ou d'obstacles à surmonter ? À vrai dire, non ! Elle serait au contraire ennuyeuse à mourir.

Votre aptitude à surmonter les obstacles est le facteur le plus déterminant de votre succès et de la rapidité avec laquelle vous atteindrez vos objectifs d'avenir tout en beauté. Et vous devez savoir que plus un objectif est élevé, plus les obstacles seront grands.

Les as du 180 adorent les obstacles, parce qu'à chaque fois qu'ils en surmontent, ils enrichissent leurs connaissances et approfondissent leur expérience, tout en se rapprochant de leur but. Dans le chapitre sur le succès, je vous ai donné un outil que j'ai appelé « De l'impasse à l'extase », et cet outil fournit précisément un moyen simple pour transformer les problèmes en solutions. Lorsque vous le maîtriserez, vous n'aurez aucun mal à voir les obstacles comme des cadeaux de la vie.

Peut-être avez-vous déjà entendu parler d'un certain Isaac Newton, dont la troisième loi stipule (plus ou moins) que chaque action entraîne une réaction contraire et d'égale intensité. Eh bien, voici la première loi du 180 selon Heppell : derrière toute chose négative se cache quelque chose de positif et de beaucoup plus fort qui ne demande qu'à la faire disparaître.

Les problèmes sont des bénédictions, et plus ils sont gros, mieux c'est. Amenez-en !

Cette vision libère l'esprit et aide à relever les défis en devenant plus conscient des multiples stratégies positives disponibles. Il y a d'innombrables exemples de personnes qui ont développé cette vision pour accomplir de grandes choses. Peut-être le plus frappant est-il celui de Nelson Mandela qui, après 27 ans de prison, a utilisé son temps, ses expériences et sa pensée de façon positive pour changer une nation. Je ne sais pas à quoi vous penseriez après 27 ans de prison, mais Nelson Mandela s'est vu décerner plus de 100 distinctions pour son travail remarquable, sans oublier le prix Nobel de la paix en 1993. C'est ce qu'on peut appeler un 180, et tout un !

Pour mettre le 180 au service d'un avenir de toute beauté, vous devez accepter les défis et voir au-delà. Les obstacles semblent parfois si imposants qu'on a du mal à imaginer comment les surmonter. Mais vous savez maintenant que vous pouvez passer de l'impasse à l'extase. Et vous pouvez choisir de le faire aussi lentement ou aussi rapidement que vous le voulez. Je vous encourage personnellement à choisir la voie rapide, car ceux qui prennent le taureau par les cornes et tous les moyens nécessaires pour réussir obtiennent *toujours* des résultats flamboyants.

Il y a toujours une façon de s'en sortir.

J'estime personnellement que vous méritez un avenir sans pareil sur le plan du succès, de la richesse, de la renommée, de la santé, de l'amour et du plaisir. Tout cela peut parfois vous sembler bien loin, mais si je vous disais que le but à atteindre est souvent beaucoup plus près que vous le croyez, est-ce que ça vous donnerait le regain d'énergie nécessaire pour y aller à fond ? Et je dis bien « à fond », comme dans 180 !

10. Le 180 pour tout le reste

12

ART DU 180

BONHEUR
CONFIANCE EN SOI

AMITIÉ
AMOUR
FAMILLE

SANTÉ

ARGENT

SUCCÈS

CRÉATIVITÉ

TRAVAIL
AFFAIRES

AVENIR

TOUT LE RESTE

Vous devriez maintenant être versé dans l'art du 180. Vous pourriez même probablement pondre des idées de 180 par vous-même. Je vous encourage d'ailleurs fortement à le faire.

Ce dernier chapitre vise à couvrir rapidement tout ce qui n'entrait pas naturellement dans les précédents, à vous soumettre quelques réflexions en vrac, à vous raconter comment d'autres ont pu utiliser le 180 et à vous stimuler à passer à l'action pour mettre en pratique tout ce que vous avez appris.

Changer le mal en bien

La liste de reconnaissance est un classique qui consiste à recourir au 180 dans ces moments où vous avez l'impression que l'univers entier est contre vous. Il est alors très facile et tentant de se vautrer dans l'apitoiement, mais secouez-vous un peu, prenez un stylo et cinq minutes de votre précieux temps pour dresser la liste de «Toutes les choses pour lesquelles je suis reconnaissant». Et n'hésitez pas à y mettre tout ce qui vous passe par la tête, que ça vous semble important ou non.

Voici quelques exemples de ce que vous pourriez y mettre :

- Je suis en vie.

- J'ai de quoi manger.

- Mes proches m'aiment.

- Je peux voir le monde.

- Le reste de ma vie commence maintenant.

- Je peux marcher.

- Je suis libre.

- J'ai un emploi.

- Le meilleur reste à venir.

- Je suis en santé.

- Je peux sourire.

- Il fait beau, aujourd'hui.

- Je peux choisir de faire ce que je veux.

- Je crois au libre arbitre.

- J'ai une garde-robe bien garnie.

- Il ne tient qu'à moi de changer.

- Je sais lire.

- J'ai de l'eau potable.

- Mon lit est bien chaud et confortable.

Lorsque vous êtes à court d'idées, prenez un moment pour revenir sur chaque point en vous disant «Je suis reconnaissant du fait que…», et songez à ce que cela signifie à cette étape de votre vie.

Vous serez étonné de voir à quel point un 180 aussi élémentaire peut changer la tristesse en espoir.

Pourquoi me laisser abattre, alors que j'ai tout pour moi?

L'espoir est une stratégie en soi

Il y a quelques années, j'ai lu un livre de Rick Page intitulé *Hope is Not a Strategy* («l'espoir n'est pas une stratégie»). Mais un bon dimanche matin, il n'y a pas très longtemps, j'ai compris qu'il avait tort – l'espoir est bel et bien une stratégie, et même une excellente stratégie.

J'étais à l'église méthodiste de Leadgate et j'écoutais le sermon sur saint Paul d'un de mes grands mentors, le révérend Barrie Lees. Il citait Paul en ces termes: «Que l'espoir vous porte à la joie.» Quelles merveilleuses paroles! Et le brillant prédicateur de poursuivre en expliquant les différents niveaux d'espoir, du plus élémentaire (p. ex., j'espère qu'il ne pleuvra pas, ou que je trouverai une place de stationnement) au plus profond (p. ex., j'espère qu'ils trouveront une cure à cette maladie mortelle, ou j'espère voir un jour la paix sur Terre).

L'espoir fait tourner le monde. Seul l'espoir subsiste lorsque tout le reste a échoué. Bref, l'espoir porte très certainement à la joie.

Il fut un temps où je croyais que l'espoir ne jouait qu'un rôle mineur, et où j'aurais cherché à vous convaincre que la seule façon d'obtenir des résultats, c'est d'agir avec force et conviction. Aujourd'hui, je crois plutôt que les deux approches ont leur place.

En rentrant à la maison après le service à l'église, nous avons partagé en famille des espoirs que nous avions : « J'espère que l'examen sera facile. » « J'espère que le jardin sera prêt à temps. » « J'espère que mon évaluation sera favorable. » « J'espère que je suis un bon père. »

Résultat : nous nous sommes tous sentis mieux. Nous étions pour tout dire joyeux. En vérité, Paul avait raison. Sans rien enlever à Rick Page – dont le livre est par ailleurs intéressant –, j'ajouterais qu'il s'est fait damer le pion par Paul sur la liste des best-sellers !

À la recherche de l'objet perdu

Cette forme de 180 est d'un tout autre ordre. Elle pourra même vous sembler tirée par les cheveux, mais elle fonctionne très bien pour moi.

Avez-vous déjà perdu quelque chose que vous teniez absolument à retrouver sans savoir où le chercher ? Je suis sûr que ça vous est arrivé et que vous connaissez bien cet état d'agitation fébrile qui vous fait tourner en rond et chercher aux mêmes endroits à répétition avec l'énergie du désespoir, comme si l'objet allait soudainement apparaître par magie.

J'ai un jour perdu un document très important, et je le cherchais partout comme un fou. Une amie m'a alors suggéré une façon insensée de le trouver – si insensée que vous allez devoir faire tout un 180 pour l'utiliser.

Elle a enlevé son collier et m'a demandé de le tenir en suspens dans l'air au-dessus de la paume de ma main gauche. Il fallait ensuite que je répète « Montre-moi "oui", montre-moi "oui", montre-moi "oui"... » jusqu'à ce que le collier réagisse. Et il a fini par osciller de gauche à droite. Puis, je devais refaire la procédure en répétant «Montre-moi «non».» Le collier s'est alors mis à balancer d'avant en arrière.

Maintenant que je savais interpréter les mouvements du collier comme voulant dire «oui» ou «non», il ne me restait plus qu'à procéder par élimination. Je m'en souviens comme si c'était hier :

— Le document se trouve-t-il dans la maison ? Non.
— Se trouve-t-il au bureau ? Oui.
— Est-il sur ma table de travail ? Non.
— Est-il dans un de mes tiroirs ? Oui.
— Est-il dans le tiroir du haut ? Non.
— Est-il dans le tiroir du milieu ? Oui.
— Est-il facile à voir ? Non.
— Se trouve-t-il à l'intérieur d'autre chose ? Oui.

Le lendemain matin, j'étais complètement impatient d'arriver au bureau. J'ai ouvert le tiroir du milieu, j'en ai sorti une pile de paperasse et j'ai trouvé le fameux document que j'avais perdu entre les pages d'une revue. Je me suis aussitôt souvenu que j'avais ce document en main lors d'un voyage en train, et que j'avais dû le ranger avec la revue dans ma mallette. Ce serait donc en vidant le contenu de ma mallette dans le deuxième tiroir de mon bureau (une technique de gestion du temps qui permet de remettre à plus tard ce qu'on ne veut pas faire le jour même) que le mystérieux document s'y serait aussi retrouvé par mégarde.

Mon cerveau cartésien me dit que je délire : un collier ne peut pas trouver des objets perdus ! Mais il suffit de faire un 180 – et de devenir encore plus cartésien – pour que tout s'explique. Le balancement du collier est causé par des micromouvements de la main. Plus vous vibrez, plus le collier oscille, et plus le collier oscille, plus vous vibrez. Or, ma mémoire savait très bien que, dans un moment de distraction, j'avais mis le document dans la revue.

Ma mémoire est infaillible, mais pas mes souvenirs.

Le collier a donc simplement servi de canal entre ma mémoire et mon système neuromoteur. Tiré par les cheveux, que je vous disais, mais je vous mets au défi d'essayer !

La musique de A à Z

Graham Willis est devenu une encyclopédie de la musique sur deux pattes d'une manière pour le moins étonnante. Pour pleinement apprécier son histoire, il faut se reporter à l'époque où l'on achetait encore des albums chez des disquaires.

À l'âge de 14 ou 15 ans, alors que tous ses amis se ruaient au magasin pour acheter le dernier disque à la mode dès sa sortie, Graham a décidé de s'y prendre tout autrement. Il allait se bâtir une collection éclectique… par ordre alphabétique !

La première semaine, il a donc acheté un album d'un artiste dont le nom commençait par « A ». La deuxième semaine, il est passé à la lettre « B ». Et ainsi de suite. À peine deux ans plus tard, il avait déjà une collection incroyablement variée, des goûts musicaux tout aussi variés, et une place assurée dans tous les jeux-questionnaires sur la musique.

Comment pourriez-vous appliquer le style de 180 de Graham à l'un de vos intérêts ?

Le grand ménage

Êtes-vous du genre « ramasseux » ? De ceux qui ne jettent rien « juste au cas où » ?

Qu'arriverait-il si vous faisiez un 180 et deveniez plutôt un «débarrasseux»? L'idée vous fait frémir? Très bien. En vous débarrassant de vos vieilles affaires, vous allez libérer de l'énergie, créer de l'espace et élargir la bande passante de votre cerveau, ce qui veut dire que vos pensées vont devenir plus claires et plus créatives.

La difficulté consiste à amorcer le processus. Après avoir tout gardé pendant des années «juste au cas où», un grand ménage peut en effet être traumatisant. C'est précisément la raison pour laquelle vous devez changez d'attitude bout pour bout et en faire un défi à relever.

Vos vieilleries rempliraient-elles 10 gros sacs verts? Ou même 20? Et pourquoi pas un conteneur? C'est ce qui est arrivé à Anne Holliday lorsque je l'ai mise au défi. Elle a loué un conteneur, et elle l'a rempli! Elle m'a ensuite dit: «Après avoir surmonté le blocage qui m'interdisait de jeter quoi que ce soit, je suis devenue obsédée par l'idée de remplir ce conteneur.» Et non seulement a-t-elle rempli ce conteneur, mais elle a aussi donné des sacs d'articles encore utiles à de bonnes œuvres. «C'était devenu un but pour moi, dit Anne, et je vais toujours au bout de tout ce que je fais.»

Je sais que vous avez comme moi entendu des histoires de personnes qui découvrent un objet sans prix dans leur grenier alors qu'ils s'apprêtaient à le jeter des années plus tôt. Mais la raison pour laquelle nous entendons parler de ces cas, c'est qu'ils sont infiniment rares. Si vous n'en avez pas besoin, débarrassez-vous-en!

Et puisque nous parlons de grand ménage, jetez donc un coup d'œil à votre garde-robe. Il y a de bonnes chances pour qu'elle soit pleine à craquer de vêtements que vous ne portez pas et que vous ne porterez jamais. J'ai des amis qui disent ne rien trouver d'intéressant à acheter dans les magasins de vêtements.

Se pourrait-il que leur subconscient leur envoie un message du genre : «N'achète pas ça, tu en as un presque pareil à la maison.» ou «Remets ça où tu l'as pris, tu n'as même pas de place où l'accrocher.» Si par hasard, ça vous ressemble, sachez qu'il existe une façon toute simple et extrêmement efficace de faire le ménage de votre garde-robe.

Après avoir porté quelque chose, lorsque vient le temps de le ranger, suspendez-le à droite des autres vêtements. Après un mois ou deux, prenez les deux tiers des vêtements qui se trouvent du côté gauche et faites-en une pile. Il s'agit de la pile que vous pouvez vendre sur eBay, donner à un organisme de charité ou à des amis, ou encore jeter. Ne laissez aucun des vêtements de cette pile reprendre sa place dans la garde-robe à moins d'avoir une excellente raison de le garder.

Pensez-y un peu. Vous portez 10% de vos vêtements 90% du temps. Vous gardez des vêtements que vous ne mettrez plus jamais, et votre garde-robe a de toute façon besoin d'un grand ménage, ne serait-ce que pour faire de la place.

J'ai récemment travaillé avec un couple qui souhaitait vendre certains vêtements et qui s'interrogeait sur la meilleure façon de s'y prendre. Quelques 180 plus tard, nous avons eu l'idée d'organiser une soirée où les gens pourraient apporter les vêtements qu'ils ne voulaient plus, en essayer d'autres, en échanger entre eux et en acheter de nouveaux tout en ayant du plaisir ensemble.

Ne gardez pas des vêtements dans l'espoir qu'ils reviennent à la mode – il faut au moins 20 ans pour qu'une mode rétro refasse surface. Ne gardez pas des vêtements trop petits dans l'espoir de perdre du poids. Vendez-les, échangez-les ou jetez-les. Vous vous en offrirez des neufs en récompense lorsque vous aurez retrouvé votre ligne.

Sécurité, sérénité et félicité au volant

La conduite automobile figure toujours parmi les cinq activités les plus stressantes. Pourrait-elle faire l'objet d'un 180? Je pense que oui. Et voici quelques idées toutes simples dans cette direction.

- ▣ **Le défi de la consommation** — J'avais l'habitude de foncer au bureau et de m'emporter lorsque la circulation ralentissait. Plus j'étais retardé, plus je m'énervais. Sûrement pas la meilleure façon de conduire, vous en conviendrez! Puis, j'ai acheté une nouvelle voiture dont le tableau de bord affichait le millage au gallon. J'ai alors décidé de changer ma façon de conduire et de me fixer un nouveau but: «Jusqu'à quel point puis-je réduire ma consommation au cours du trajet?» Du coup, ma tension artérielle a baissé, mes factures de carburant ont diminué, et ma conduite est sans aucun doute devenue plus sécuritaire. Même si votre voiture n'a pas d'indicateur de consommation en temps réel, faites le calcul à chacun de vos pleins.

- ▣ **Courtoisie oblige** — Le conducteur courtois maîtrise l'art du 180 avec grâce. Le principe est simple comme bonjour. Plutôt que de vous mettre en colère contre les gens qui conduisent trop vite ou trop lentement, qui vous bloquent le chemin ou qui vous coupent, laissez-les faire poliment et en toute sécurité. Laissez passer deux voitures devant vous plutôt qu'une à une intersection... Cédez une place de stationnement à quelqu'un qui semble prêt à vous la disputer... Dites un grand merci à voix basse lorsqu'un poids lourd empiète sur votre voie et vous empêche de le doubler... Faites-en un jeu, mais jouez toujours prudemment.

- ▣ **L'université roulante** — Si vous passez une heure par jour dans votre voiture et si, plutôt que d'écouter la radio, vous écoutez des CD éducatifs, instructifs ou de motivation, vous aurez, au bout d'un an, emmagasiné plus de 200 heures de matériel dispensé par certains des plus grands cerveaux de la planète. Ce sera comme si vous aviez suivi un mois de cours à temps plein auquel vous auriez ajouté quelques cours du soir ! L'apprentissage par l'audio est une excellente façon de faire un 180 et de remplacer des banalités par des connaissances enrichissantes.

L'art de jongler avec les chiffres

Lorsque vous commencez à jongler avec les chiffres, il se passe des choses incroyables. Voici quelques exemples de défis numériques.

La prochaine fois que vous commanderez des plats à partir d'un menu numéroté, je vous mets au défi d'utiliser votre date de naissance. Je suis né le 9 juillet 1967, ce qui veut dire que je commanderais un numéro 9, un numéro 7 et un numéro 67. Et pour rendre l'expérience encore plus étonnante, commandez de cette façon sans même regarder le menu !

Ou encore, pour changer de l'astrologie, faites un 180 et passez au Ki des 9 étoiles. Il s'agit d'un ancien système japonais qui part de votre date de naissance pour déterminer votre personnalité et vos modes de comportement. Je suis pour ma part un « 6 », au cas où ça vous intéresserait.

Avez-vous remarqué à quel point le design et la mise en pages de la plupart des sites de feng shui peuvent être pourris ?

Le 180 au quotidien

J'ai demandé aux membres de ma communauté en ligne de me donner des exemples de la façon dont ils utilisent le 180 dans leur vie. Voici quelques-unes de leurs réponses.

Un esprit fertile

Je fais régulièrement appel à ce que j'appelle «le principe du crottin de cheval». Le crottin de cheval ne lui sert absolument à rien d'autre qu'à créer des déchets, alors que pour un jardinier, il est rempli d'éléments nutritifs qui assurent la croissance de nouvelles formes de vie. La prochaine fois, donc, que vous ferez face à un monceau d'ordures…

Joe Osman

Tête-à-queue de voisinage

Tous les vendredis soirs, un de mes voisins frappait à ma porte pour me raconter sa semaine. Il me parlait le plus souvent de ses problèmes, de sa déprime et de tout ce qui allait mal dans le monde.

Un jour, j'ai décidé de lui faire faire un 180. Alors qu'il se lançait dans son rapport hebdomadaire, je l'ai interrompu et je lui ai demandé : «Comment arrives-tu à faire ça ?»

— À faire quoi ?
— À te mettre dans un état pareil semaine après semaine. Est-ce qu'en revenant du travail, tu te demandes à qui tu pourrais bien te plaindre de ta semaine, pour finalement me choisir ?

Mon voisin m'a aussitôt avoué que jamais personne ne lui avait posé une telle question. Ça l'a fait réfléchir, et il a instantanément changé d'attitude. Nos rapports sont naturellement devenus beaucoup plus agréables.

Steve Twynham

Boulot boulot

Lorsque j'ai été remercié, il y a trois ans, ça m'a causé beaucoup de soucis. J'ai fait ce qu'on fait habituellement dans ces cas-là, c'est-à-dire que je me suis mis à chercher un autre emploi par les voies conventionnelles. Puis, j'ai réalisé que la perte de mon emploi me donnait une occasion inespérée de créer ma propre entreprise… de recrutement de personnel ! Mon malheur s'est ainsi transformé en une étincelle qui a allumé en moi le désir d'aller de l'avant et d'accomplir de grandes choses.

Adam Butler

Et maintenant, à vous de jouer !

De quel 180 spectaculaire êtes-vous capable ?

Le mot de la fin (ou du début, si vous avez choisi de commencer par ici)

Avant de nous quitter, j'aimerais partager une dernière histoire avec vous.

J'ai un ami formidable qui s'appelle Malcolm Kyle. C'est une des personnes les plus positives et proactives qu'on puisse rencontrer. Il m'envoie tous les jours un courriel avec une histoire, une réflexion ou une citation. Il y a quelque temps, il m'a envoyé la fable qui suit, et qui a provoqué quelques remous chez les Heppell !

Une jeune aveugle se détestait en raison de sa cécité. Elle détestait en fait tout le monde, sauf son amoureux, qui était toujours là pour elle.

L'aveugle disait à son bien-aimé : « Si seulement je pouvais voir le monde, je t'épouserais. »

Puis, un jour, quelqu'un lui fit don de ses yeux. Des semaines plus tard, on lui enleva ses bandages, et elle put enfin voir tout ce qui l'entourait, y compris son ami de cœur.

Le jeune homme lui demanda alors : « Maintenant que tu peux voir le monde, veux-tu m'épouser ? » La jeune fille le regarda et vit qu'il était aveugle. La vision de ses paupières fermées la choqua. Elle ne s'attendait pas du tout à ça, et la pensée d'avoir à regarder ce visage aux yeux fermés pour le restant de ses jours l'amena à refuser la demande en mariage de son prétendant.

Le jeune homme s'en alla le cœur brisé. Quelques jours plus tard, la nouvelle voyante reçut de lui une note qui disait : « Prends bien soin de tes yeux, ma belle, car avant d'être tiens, ils étaient miens. »

Quand j'ai lu cette histoire à ma femme et à mes enfants, il y a bien sûr eu quelques frissons et quelques soupirs. Puis il y a eu l'inévitable «Ce n'est pas vrai! Ou est-ce que ça l'est?» L'heure de vérité avait sonné. L'un après l'autre, tous les membres de la famille ont fait le même 180 et sont arrivés à la même conclusion. Une conclusion qui aurait pu résoudre leur dilemme bien avant. Êtes-vous arrivé à la même conclusion? Si oui, bravo! Vous êtes officiellement devenu un as du 180!

À vos marques, prêt, partez !

Maintenant que vous savez comment utiliser le 180, le moment est venu de passer à l'action. Allez-y, relevez le défi ! Intégrez le 180 à votre quotidien, à votre mode de vie, à vos attitudes et à vos comportements. Les résultats seront mirobolants, mais pour les récolter, vous ne pouvez pas vous contenter de savoir qu'ils le seront, vous devez mettre en pratique ce que vous avez appris.

Le plus difficile quand on écrit un livre, c'est de savoir quelle fin lui donner. Devrait-elle être dramatique ? Émouvante ? Ou plutôt mystérieuse ? J'ai connu des auteurs qui avaient passé des jours à se poser la question et à reformuler leurs derniers mots. Mais ce ne sera pas mon cas. On n'a pas besoin d'une fin spectaculaire lorsque tout a été dit. J'ai donc décidé de faire un 180 et de m'arrêter ici.

Invitation

Partagez avec nous vos expériences de 180.

Profitez de celles des autres.

Entrez dans le cercle inspirant de ceux et celles dont 180 est maintenant la devise.

Sur Facebook.

Les 180 en action

Mes 180

Cet ouvrage, composé en Vectora LT Std,
et mis en pages par Manon Léveillé
a été achevé d'imprimer le 10 août 2010
sur les presses de Friesens, Altona, Canada,
pour le compte de Isabelle Quentin éditeur (Sgräff).